Y0-BIP-763

FRANZ TAMAYO

OBRAS

BARCELONA **2014**
WWW.LINKGUA-DIGITAL.COM

CRÉDITOS

Título original: Obras

© 2014, Red ediciones S.L.

e-mail: info@red-ediciones.com

Diseño de cubierta: Mario Eskenazi.

ISBN rústica: 978-84-9007-702-3.
ISBN ebook: 978-84-9007-400-8.

Cualquier forma de reproducción, distribución, comunicación pública o transformación de esta obra solo puede ser realizada con la autorización de sus titulares, salvo excepción prevista por la ley. Diríjase a CEDRO (Centro Español de Derechos Reprográficos, www.cedro.org) si necesita fotocopiar, escanear o hacer copias digitales de algún fragmento de esta obra.

El diseño de este libro se inspira en *Die neue Typographie*, de Jan Tschichold, que ha marcado un hito en la edición moderna.

SUMARIO

CRÉDITOS ___4

PRESENTACIÓN ___11
La vida ___11

CREACIÓN DE LA PEDAGOGÍA NACIONAL (1910) ___13
Advertencia ___13

CAPÍTULO I ___15

CAPÍTULO II ___17

CAPÍTULO III ___19

CAPÍTULO IV ___21

CAPÍTULO V. DEL BOVARISMO CIENTÍFICO EN MATERIA PEDAGÓGICA ___24

CAPÍTULO VI ___27

CAPÍTULO VII ___29

CAPÍTULO VIII. UN PARALELO ___32

CAPÍTULO IX. LA RAZA ___35

CAPÍTULO X ___38

CAPÍTULO XI ___41

CAPÍTULO XII ___44

CAPÍTULO XIII _____ 47

CAPÍTULO XIV. LO QUE SE DEBE ENSEÑAR _____ 50

CAPÍTULO XV _____ 52

CAPÍTULO XVI _____ 54

CAPÍTULO XVII _____ 57

CAPÍTULO XVIII _____ 60

CAPÍTULO XIX _____ 63

CAPÍTULO XX _____ 66

CAPÍTULO XXI _____ 69

CAPÍTULO XXII _____ 72

CAPÍTULO XXIII _____ 75

CAPÍTULO XXIV _____ 78

CAPÍTULO XXV. CÓMO SE DEBE ENSEÑAR _____ 81

CAPÍTULO XXVI _____ 83

CAPÍTULO XXVII _____ 86

CAPÍTULO XXVIII _____ 89

CAPÍTULO XXIX _____ 92

CAPÍTULO XXX	95
CAPÍTULO XXXI	98
CAPÍTULO XXXII	101
CAPÍTULO XXXIII	104
CAPÍTULO XXXIV	107
CAPÍTULO XXXV	110
CAPÍTULO XXXVI	113
CAPÍTULO XXXVII	116
CAPÍTULO XXXVIII	119
CAPÍTULO XXXIX	122
CAPÍTULO XL	125
CAPÍTULO XLI. EL CARÁCTER NACIONAL	128
CAPÍTULO XLII	131
CAPÍTULO XLIII	134
CAPÍTULO XLIV	137
CAPÍTULO XLV	140
CAPÍTULO XLVI	143

CAPÍTULO XLVII ____ 146

CAPÍTULO XLVIII ____ 149

CAPÍTULO XLIX ____ 152

CAPÍTULO L ____ 155

CAPÍTULO LI ____ 158

CAPÍTULO LII ____ 161

CAPÍTULO LIII. VALOR DE LA HISTORIA ____ 164

CAPÍTULO LIV. VALOR DE LA CIENCIA ____ 167

CAPÍTULO LV. LA ENERGÍA ____ 170

PROVERBIOS SOBRE LA VIDA, EL ARTE Y LA CIENCIA ____ 173
    Fascículo primero 1905 ____ 173
    Fascículo segundo 1924 ____ 213

NOTAS SOBRE EL NUEVO ARTE FRANCÉS ____ 263

LIBROS A LA CARTA ____ 269

PRESENTACIÓN

La vida

Franz Tamayo (La Paz, 1879-1956). Bolivia.
Poeta y político. Durante su juventud pasó temporadas en Francia y el Reino Unido. Se graduó como abogado en la Universidad de San Andrés y se inclinó por el liberalismo durante sus primeros años en lapolítica. Siendo fundador líder del Partido Radical hasta que este se fusionó con los conservadores en la década de 1920. Como miembro del Partido Radical, fue diputado y presidente de la Cámara, delegado de la Sociedad de Naciones y ministro de Relaciones Exteriores, hasta que en 1935, durante la guerra del Chaco, fue elegido presidente de la República; sin embargo, no llegó a tomar posesión debido al golpe militar de José Luis Tejada Sorzano. Tamayo dirigió el periódico El Hombre Libre y fundó El Fígaro. Y su poesía es la máxima expresión del modernismo boliviano. Escribió también tragedias líricas La Prometeida (1917) y Scopas (1939) y ensayos: La creación de la pedagogía nacional (1910), Crítica del duelo (1911) y Horacio y el arte lírico (1915).
En diciembre de 1943, la logia militar Razón de Patria y el Movimiento Nacionalista Revolucionario, dan un golpe de estado. El nuevo régimen, convoca a una Asamblea Constituyente en la que Tamayo es elegido representante por La Paz y preside la misma. Durante su mandato ocurrieron los fusilamientos de Chuspipata, en noviembre de 1944. Más tarde publicó el opúsculo Tamayo rinde cuenta, donde afirma que evitó la muerte de unas sesenta personas mediante su arenga en la Asamblea Legislativa.
Franz renunció a su cargo en 1945 y se apartó de la vida política.Poeta y político. Durante su juventud pasó temporadas en Francia y el Reino Unido. Se graduó como abogado en la Universidad de San Andrés y se inclinó por el liberalismo durante sus primeros años en lapolítica. Siendo fundador líder del Partido Radical hasta que este se fusionó con los conservadores en la década de 1920. Como miembro del Partido Radical, fue diputado y presidente de la Cámara, delegado de la Sociedad de Naciones y ministro de Relaciones Exteriores, hasta que en 1935, durante la guerra del Chaco, fue elegido presidente de la República; sin embargo, no llegó a tomar posesión debido al golpe militar de José Luis Tejada Sorzano. Tamayo dirigió el periódico El Hombre

Libre y fundó El Fígaro. Y su poesía es la máxima expresión del modernismo boliviano. Escribió también tragedias líricas La Prometeida (1917) y Scopas (1939) y ensayos: La creación de la pedagogía nacional (1910), Crítica del duelo (1911) y Horacio y el arte lírico (1915).
En diciembre de 1943, la logia militar Razón de Patria y el Movimiento Nacionalista Revolucionario, dan un golpe de estado. El nuevo régimen, convoca a una Asamblea Constituyente en la que Tamayo es elegido representante por La Paz y preside la misma. Durante su mandato ocurrieron los fusilamientos de Chuspipata, en noviembre de 1944. Más tarde publicó el opúsculo Tamayo rinde cuenta, donde afirma que evitó la muerte de unas sesenta personas mediante su arenga en la Asamblea Legislativa.
Franz renunció a su cargo en 1945 y se apartó de la vida política.

CREACIÓN DE LA PEDAGOGÍA NACIONAL (1910)

Finis et scopus quen leges intueri atque ad quem jussiones et sanctiones suas dirigere debent, non alius est quam ut cives feliciter degant. Id fiet si pietate et religione recte instituti, moribus honesti, armis adversus hostes externos tuti, legum auxilio adversus seditiones et privatas injurias muniti, imperio et magistutibus obsequentes, copiis el opibus locupletes et florentes fuerint.
Bacon

Verum index sui et falsi.
Spinoza

Of the insignificant portion of my Education, which depended on Schools, there need almost no notice hi taken. I learned what others learn; and kept it stored-by in a corner of my head, seen as, yet no manner of use in it. My School-master, a downbent, brokenhearted, underfoot martyr, as others of that guild are, did little for me except discover that he could do little; he, good soul, pronounced me a genious, fit for the learned professions; and that I must be sent to the Gymnsium, and one day to the University.
Carlyle

Advertencia
Este, lector, es un doble libro.
Libro de batalla y libro de reflexión, no sé en qué medida esta doble intención dejará de dañar la obra. Bien habría deseado escribir un libro más sereno, pero ni los tiempos ni las gentes en medio de que vivimos lo han permitido. Visto está que ni los hombres ni los libros son libres de escoger su destino: *habent sua fata libelli.*
Además, esta reedición de los editoriales publicados en *El Diario* sobre *Pedagogía Nacional*, lleva consigo todos los inconvenientes de una producción periodística rápida, sumaria y forzosamente desordenada e incompleta. Los cincuenta y cinco presentes artículos no me han ocupado más de cincuenta y cinco horas para componerlos, y esta es la mejor excusa de mi libro. Con todo, a través del desorden aparente hay una idea maestra, real y segura, que es como la médula del libro y que derrama en cada una de sus páginas todo

el calor y la vida que extrañamente se ha trasmutado en la gruesa polémica de prensa que todos conocen. Además, el libro tiene también el mérito de comportar otras y otras ideas, en una tierra en que ellas no existen en forma alguna que no sea grotesco plagio o adaptación simiesca; y si esta sincera inmodestia duele aún a alguno de los muchos detractores de *El Diario* en esta ya olvidada campaña pedagógica, mándese traducir este «Spruch» de Goethe: *Nur die Lumpe sind bescheiden.*

Franz Tamayo

CAPÍTULO I

Hemos seguido atentamente en los últimos diez años la evolución de la idea de instrucción en Bolivia, tanto en el pensamiento popular cuanto en la mente de sus directores, y hemos llegado al convencimiento de que hasta ahora se parte de un concepto falso, o de varios, si se quiere, y se navega sin brújula y sin oriente en esta materia.

Se cree en un hato de vulgaridades. Se ha creído y se cree en la eficacia absoluta de la instrucción. Se ha creído que un país y una raza nuevos, destituidos de una tradición de cultura y de todo elemento actual de la misma, puede transformarse en diez o veinte años y hacerse un país de tono y carácter europeo, por el solo hecho de crearse universidades y liceos, con planes y programas plagiados de este sistema europeo o el otro. Se ha creído que la pedagogía debía ir a estudiarse a Europa para aplicarla después a Bolivia, y tratándose del problema más esencialmente subjetivo, cual es el de la educación nacional, se ha ido a buscar el lado objetivo de las cosas, desconociendo así el único método posible, cual es el que hemos de indicar en el curso de este artículo.

Siguiendo estos criterios falsos y pueriles, la suprema aspiración de nuestros pedagogos sería hacer de nuestros nuevos países nuevas Francias y nuevas Alemanias, como si esto fuera posible, y desconociendo una ley biológico-histórica, cual es la de que la historia no se repite jamás, ni en política ni en nada. Hasta ahora esta ha sido una pedagogía facilísima, pues no ha habido otra labor que la de copia y de calco, y ni siquiera se ha plagiado un modelo único, sino que se ha tomado una idea de Francia o un programa en Alemania, o viceversa, sin darse siempre cuenta de las razones de ser cada uno de esos países.

Entretanto, hemos gastado el dinero, y peor aún, el tiempo. Hemos hecho infinitos reglamentos y diversas fundaciones, y el magno problema mientras tanto queda intacto e irresuelto.

Nuestro problema pedagógico no debe ir a resolverse en Europa ni en parte alguna, sino en Bolivia. La cuestión de instrucción que supone antes la cuestión educativa (muy más trascendente) es sobre todo un problema de altísima psicología nacional.

Lo que hay que estudiar no son métodos extraños, trabajo compilatorio, sino el alma de nuestra raza, que es un trabajo de verdadera creación. Son los resortes íntimos de nuestra vida interior y de nuestra historia los que sobre todo el gran pedagogo debe tratar de descubrir. Es sobre la vida misma que debe operar, y no sobre papel impreso, y en este sentido es una pedagogía boliviana la que hay que crear, y no plagiar una pedagogía transatlántica cualquiera.

Ahora bien, en las pocas e insípidas páginas de que consta nuestra literatura pedagógica, ¿hay una sola línea sobre psicología boliviana? ¿Hay una sola observación, una sola experiencia en este delicadísimo terreno? ¿Ha sorprendido el pedagogo algo de la finísima trama de que está tejida nuestra alma nacional? ¿Sabe ya cuáles son las diferenciales de nuestra raza respecto de otras, histórica o socialmente hablando? ¿O se ha contentado llanamente con hablarnos de un sistema bueno en cualquier país europeo, que es como hablarnos de la Luna?

Hay un alma yanqui y un alma japonesa, que son cosa distinta de las europeas. Esa misma personalidad tenemos que buscar entre nosotros. Tratemos de formar bolivianos y no jimios franceses o alemanes. Tratemos de crear el carácter nacional que seguramente (podemos afirmarlo *a priori*) es del todo diferente del europeo. Es tan falsa nuestra orientación en este grave asunto, que las escasas observaciones sobre lo íntimo de la vida boliviana no están en libros bolivianos sino en páginas de extranjeros que nos han visto de paso. Seguramente la labor que indicamos y pedimos es larga y pesada. Demanda una gran dedicación, un finísimo espíritu de observación, años de trabajo, y preparación. Pero es el solo camino de hacer obra seria y duradera.

Mañana tocaremos otros aspectos de la cuestión.

3 de julio de 1910

CAPÍTULO II

Decíamos que mucha gente, vulgo y no vulgo, confiaba en el valor absoluto de la instrucción. Esto significaría la acción e influencia absolutas que la instrucción debería o podría tener sobre las condiciones totales de un pueblo y de un país.

Prejuicio es éste que entre otros hemos bebido en el siglo XVIII francés, sobre todo en medio de los sueños del ingrato Rousseau.

Digamos de una vez: el valor de la instrucción privada o pública es del todo relativo. Llevar una suma de conocimientos ordenados, por el método más breve y fácil al cerebro del niño o del joven —en esto consiste toda instrucción; y su solo enunciado acusa todo lo que hay de objetivo en ello, es decir de *intrascendente*, en estas materias.

Seguramente esta necesidad de instruir o de instruirse es una de las cuestiones más importantes en los Estados y sociedades modernas. Y es problema que ha sido gloriosamente resuelto en muchos países del viejo y del nuevo mundo.

Pero por debajo de este problema hay otro subyacente muy más grave e importante, y que tal vez obrando sabiamente es preciso presuponer a toda otra cuestión de carácter público o social. Este problema es la existencia o la *formación del carácter nacional*.

Esto es cosa mucho más seria. Ya no se trata de adquirir una suma de conocimientos útiles, como si dijésemos, una colección de instrumentos para mejorar las condiciones generales de la vida. Ya no se trata de armar o de ornar la inteligencia. Se trata de la materia misma de la vida, de la energía hecha hombre, de ese substratum de todo edificio individual o colectivo.

La más viva y directa manifestación de esta región interior del hombre, no son las ideas ni los conocimientos; son las costumbres. Y las costumbres no son otra cosa que el régimen de la voluntad, la educación, el desarrollo, y en su caso, la creación de la voluntad.

He aquí cómo naturalmente llegan a oponerse dos órdenes de ideas, dos conceptos generales, el de la educación e instrucción, que no se deben confundir jamás, representando como representan cosas tan diferentes de suyo.

Naciones enteras hay cultísimas e inteligentísimas, pero destruidas de buenas costumbres y descuidadas en su educación de la voluntad. Así es Polonia. Una lenta ruina es su destino.

Las costumbres son cosa tan importante que son la materia misma de la historia. Extendiendo una frase y un juicio célebre, podríamos decir: el estilo es el hombre; pero el carácter es la nación. El inglés o el japonés que emigra a un confín del mundo lleva consigo, por ignorante que sea, todas las fuerzas de la raza. Es una comunidad impalpable, y sin embargo real. ¿Quién habla de que Inglaterra es un país de grandes conocimientos? Pero se dice que es un país de grandes costumbres. Toda la ciencia inglesa puede perecer de súbito. Si el alma, si la voluntad británica quedan en pie, nada se ha perdido.

Tengamos pues un concepto claro de las cosas. Seguramente necesitamos buenos maestros de escuela y buenos profesores; pero sobre todo necesitamos crear o mejorar nuestras costumbres. La ciencia se adquiere, la voluntad se cultiva; busquemos los medios de cultivarla y desarrollarla. No demos una excesiva importancia a la instrucción, descuidando por otra parte la educación del carácter nacional.

Muchos creen que la instrucción trae consigo también la educación del carácter y la adquisición de buenas costumbres. ¡Error gravísimo! Cuando no hay un fondo moral, la instrucción es un peligro, y la ciencia puede llegar a ser una plaga. El abogado de mala ley, el juez ímprobo, el sofista astuto, el periodista logrero, el político inconsecuente, etc., no son otra cosa que gente instruida, y a veces muy bien instruida, pero sin costumbres, o con malas costumbres, y con un carácter negativo, respecto de los intereses constantes y ulteriores de la vida.

5 de julio de 1910

CAPÍTULO III

Llegamos a esta conclusión: Necesitamos disociar científicamente, y por medio de una crítica comprensiva, todos los elementos raciales de que consta nuestra naturaleza de bolivianos, para deducir métodos y leyes integrales sobre que fundar una pedagogía nacional y científica.

Ahora bien: ¿cuántos hombres en Bolivia estarían suficientemente preparados para emprender y dirigir un estudio y una fundación semejante? ¿Tenemos psicólogos y psiquiatras bastante experimentados para ello? ¿Hay un solo antropólogo que hubiese acumulado algún material para tales trabajos? ¿Tenemos una estadística, una demografía completas? Nada de esto existe, ni puede existir aún, ni hay tampoco razón para avergonzarse de ello. Somos una nación incipiente, comenzamos recién a darnos cuenta cabal de nosotros mismos, y estamos pasando por donde otros pasaron antes.

Pero si no tenemos sabios nacionales y los necesitamos urgentemente, hay que buscarlos fuera.

La creación de la pedagogía nacional no puede menos que hacerse bajo la dirección de una eminencia científica europea; pues no hay que ilusionarse sobre un punto, y es que en Bolivia no existe la enseñanza, ni elemental ni superior. Fuera de las primeras letras, que es lo que realmente se aprende, el que algo sabe, o lo ha aprendido de su cuenta y solo, o es un educando de los europeos; pero nunca debe lo que sabe a la enseñanza boliviana.

¿Un ejemplo? Preguntad lo que cualquiera de nuestros bachilleres sabe de ciencias naturales, de matemáticas, de lenguas vivas y muertas... ¡y esos bachilleres cuentan diez años de enseñanza, término medio! Es preciso haber visto a nuestros jóvenes en Europa, pretendiendo inscribirse en escuelas superiores, y haberlos visto sufriendo de la más completa impreparación, y obligados a rehacer un aprendizaje incompleto o nulo.

Necesitamos, pues, crear la pedagogía nacional, es decir una pedagogía nuestra, medida a nuestras fuerzas, de acuerdo con nuestras costumbres, conforme a nuestras naturales tendencias y gustos y en armonía con nuestras condiciones físicas y morales. Pues no se crea que hay métodos absolutos. En Cambridge se trabaja de una manera, en la Politécnica de otra; y, por ejemplo, el libérrimo inglesito reventaría con los métodos franceses.

La cuestión sería, pues, no mandar nuestros pedagogos (que no lo son) a Europa, sino traer sabios capaces de estudiar e investigar las bases de la pedagogía boliviana, poniendo de su parte y a nuestro servicio, en estos estudios, todo el contingente científico europeo del que necesariamente carecemos nosotros y seguiremos careciendo indefinidamente.

El que esto escribe cree que el solo medio de apresurar la civilización de nuestros países nuevos es ponerlos en inmediato contacto con el pensamiento y el esfuerzo europeos. Dos ejemplos diversos basten para mostrarnos lo que el elemento extranjero significa en Bolivia y fuera de ella.

Lo poco que en el país existe de alto comercio está en manos de extranjeros; los pocos grandes establecimientos mineros están poseídos o dirigidos por extranjeros; todas las construcciones ferroviarias hechas o por hacerse están en manos extranjeras; los pocos libros realmente científicos que existen sobre Bolivia están escritos por extranjeros. ¡Ved ahora lo que nos queda a los bolivianos de nacimiento! ¡Y con estos datos pretended ahora pasaros del elemento extranjero, tratándose de la más grave e importante de las cuestiones, cual es la de la instrucción pública, la de la creación de la pedagogía nacional! Otro ejemplo. ¿Qué sería de la maravillosa república Argentina sin los extranjeros? Lo que fue antes, esto es, algo igual a Bolivia, y a veces inferior; y esto es tan cierto, que en la Argentina, allá donde los extranjeros no han llegado aún, los argentinos se están como estamos nosotros.

Seguramente esto de traer sabios no es cosa fácil. Hay que escoger y hay que pagar; pero no por eso la necesidad deja de ser real. Por lo demás, si en Chile, Argentina y Brasil hay algún provecho alcanzado en este terreno por los Estados, sabido es a quién se debe, y es también sabido el régimen que en la instrucción pública de esos países reina, tratándose de elemento extranjero.

6 de julio de 1910

CAPÍTULO IV
¿Que nos hemos contradicho?
No tal.
Antes de todo una observación. No se desconozca nunca la idea maestra de todas nuestras especulaciones sobre esta materia. Esta idea es gobernar, esto es, pedir de nuestra parte o indicar a quien gobierna no la necesidad de hacerse diputado psicólogo o ministro pedagogo, sino otra primordial, si las hubo, y que en la especie significa orientar la instrucción pública hacia direcciones definitivas y con bases razonadas y para lo cual no es necesaria la ciencia especial y personal de quien gobierna, sino el uso del poder, en este sentido o el otro, en manos de quien lo ejercita. Siempre creíamos que en esta materia de instrucción pública, lo consecutivo es enseñar o aprender; pero lo primordial y fundamental es gobernar, pues aceptamos que se enseña o se aprende según como se gobierna, en definitiva.
¡Esto!
Y volviendo a la cuestión discutida, deploramos no ser comprendidos. Cuando pedimos el contingente extranjero, no pedimos profesores que vengan a enseñar una ciencia, sino sabios que vengan a crear un método, y en suma, nos enseñen el arte de enseñar, el cual, tratándose de europeos u otros, existe, pero seguramente no existe tratándose de bolivianos. Digámoslo de una vez: en el porvenir, el mejor maestro del boliviano tiene que ser el boliviano; hoy es el peor que puede darse, pues *a priori* podemos decir que no sabe enseñar; y en este sentido, cualquier extranjero, por ignorante del país que sea, por dispares que sean sus métodos, siempre llegará a resultados más proficuos que todos nuestros pedagogos, aunque no sea más que por su conocimiento de otras humanidades, de otros métodos.
Dos solas preguntas haríamos: una de orden general, otra de orden concreto. De todos los que oficial o extraoficialmente se ocupan de instrucción pública, ¿quién conoce el índice gráfico de la potencia o resistencia mental del niño boliviano, qué digo, del paceño, del cochabambino, u otro, que no todos son iguales? Y, sin embargo, este conocimiento es indispensable en una pedagogía de veras y no de burlas, y como éste, hay mil conocimientos y datos que nos faltan. ¿Quién ha de buscarlos y formularlos? ¿Nuestros profesores

bolivianos que ni por juego han tenido jamás en la mano un instrumental completo de antropometría? ¿Entonces?

Entonces hay que recurrir a sabios extranjeros, no para enseñar esta ciencia o la otra, sino para crear los métodos de enseñarlas, cosa muy diferente.

Pregunta concreta: ¿se puede saber el resultado de las comisiones pedagógicas del gobierno boliviano en el exterior, sus resultados en materia reglamentaria general, o en su aplicación práctica? Sí, se puede saber que los reglamentos y distribuciones de instrucción han variado y se han cambiado varias veces, cada vez obedeciendo a un distinto criterio, y probablemente según soplaba el viento de Alemania o de Suiza. Se puede saber también que se ha trasladado al país planes de planteles europeos (comercio, normalismo, etc.) y que están en actual función. Se puede saber también que para la organización de esos nuevos planteles no se ha hecho otra cosa que consultar los similares transatlánticos; aunque es verdad también que para hacer esos calcos hubiera bastado comprar los anuarios de instrucción europeos y los diferentes programas y horarios.

Se puede saber también —retrospectivamente— que nuestras actuales universidades jurídicas, teológicas, farmacéuticas, médicas, etc., etc., no fueron ni son otra cosa que calcos de patrones europeos, lo mismo que los novísimos, y se puede saber también, si hay aún alguien que necesite saberlo, cómo se enseña el derecho, cómo la medicina y lo demás, en el seno de esas maravillas universitarias, como seguramente se enseñarán el comercio y demás novedades.

Y con esto poned aún en duda la necesidad de crear la pedagogía nacional, los métodos bolivianos, de enseñanza.

¡No se hable aquí de la manera cómo se han cumplido las comisiones a Europa! ¡Una de ellas ha residido en Londres durante meses, a pocas horas de Cambridge, y se ha vuelto de Londres sin conocer ni de visu Cambridge, simplemente la primera universidad del mundo!

¡Sigamos mandando comisionados a Europa!

¿Queréis que os hable de los pensionados? Sería cruel...

Antes de terminar hagamos una distinción que acabe de justificarnos de la acusación de propia contradicción, que es la sola objeción seria que hemos encontrado en los diarios de ayer.

Cuando hablamos de contingente europeo para Bolivia hay que distinguir la introducción y aplicación de métodos europeos hecha por bolivianos en Bolivia, por una parte, y por otra el aporte de profesores europeos, que por mucho que estén destituidos de los elementos de una pedagogía nacional que aún no existe y por muchos que sean sus errores al aplicar a bolivianos sus métodos extraños, el resultado final será siempre que enseñarán un poco más y un poco mejor que nuestros profesores.

Lo primero es lo que hemos hecho hasta ahora; lo segundo, lo que tal vez deberíamos hacer, a falta de algo más radical.

9 de julio de 1910

Nota. Inesperadamente para nosotros, se han vuelto a producir objeciones de carácter reflexivo sobre más de una de nuestras ideas a propósito de instrucción pública.

Tuvimos pensando un momento que nuestra campaña sobre instrucción pública (campaña es) debía reducirse a marcar al presente los grandes lineamientos de la cuestión, y que ir más lejos y penetrar más al fondo habría sido tal vez buscar voluntariamente la general incomprensión de que nos hemos quejado otras veces.

Parece que no es así. Parece que hay gente que gustaría de discurrir seriamente sobre estos importantes asuntos. Es consolador.

Entretanto, ¿hay una verdadera y grave controversia de ideas? *El Diario* no puede estar ausente de ella ni puede faltar a la cita.

Queda reabierto el debate para la semana próxima.

15 de julio de 1910

CAPÍTULO V. DEL BOVARISMO CIENTÍFICO EN MATERIA PEDAGÓGICA

Esto, lector, si no lo sabes, significa un extraño vicio de la inteligencia y del carácter que se encuentra en todas partes, más o menos; pero sobre todo en nuestra América Meridional. Consiste en aparentar, respecto de sí mismo y de los demás, tal vez sinceramente —no se sabe—, una cosa que no es realmente, y es la simulación de todo: del talento, de la ciencia, de la energía, sin poseer naturalmente nada de ello.

En la materia que nos ocupa, se trata de la simulación de la ciencia pedagógica. Es lo que llamaría el excelente Gautier el *bovarismo pedagógico*.

Examinémoslo y hagamos un poco de psicología nacional.

Se trata de todo un arte. Los simuladores de la ciencia pedagógica en esta nuestra América, participan naturalmente del artista y del juglar. Del artista, porque se ocupan de cosas irreales y con apariencia de verdad; del juglar, porque todo ello es, en el fondo, mezquino y despreciable.

Esto tratándose del lado objetivo de la cosa. ¿Qué pasa en su fondo subjetivo? ¿Qué hay en el alma de los simuladores de la ciencia pedagógica? Dos cosas características: una pobreza radical y fundial de inteligencia científica, y por otra parte el apetito de vivir bien. Son inteligencias pobres y perezosas, incapaces de hacer un verdadero trabajo científico, que, como todo trabajo honesto, demanda un verdadero esfuerzo y no simples apariencias de esfuerzo. Su papel, tratándose de las ciencias, es completamente pasivo. Indudablemente, se ocupan de ciencia; pero las tareas están invertidas: son los libros que obran sobre las inteligencias, y no las inteligencias sobre los libros, sobre la vida y sobre todo. Ignoran la única cualidad y la única labor que cuenta, tratándose de ciencia: crear. Pero poseen todos los demás talentos, sobre todo uno, el de calco y el de plagio, que son los talentos bováricos por excelencia.

¿Cómo proceden? Es muy llano y fácil.

Saben servirse admirablemente de las bibliotecas; y ellos mismos son bibliotecas semovientes y fárragos ambulantes... de ideas ajenas. Pedid una idea propia, en la especie —una idea luminosa y fecunda que hubiese brotado de la experiencia y de la observación, por ejemplo, sobre el niño boliviano—; eso no lo encontraréis jamás, porque eso jamás ha existido. Entre tanto siguen procediendo en su labor de bovarismo pedagógico, y esto con un arte y una oportunidad admirables. La manera es citar en los discursos públicos, en los diarios, en los libros, en las academias y universidades, catálogos de nombres célebres, de sistemas educativos, de teorías pedagógicas, todo salpicado de términos técnicos y musicales. Os hablarán de batallones escolares, de gimnasia sueca, de polígonos de tiro, etc., etc. Figuraos por un momento un juglar que desde lo alto de una cátedra os hablase gravemente y en el tono más patético y patriótico, de la duda metódica de Descartes, de las Naturas naturada y naturante de Spinoza, de las antinomias de la Razón Pura de Kant, de la tesis, la antítesis y la síntesis, dentro de la Fenomenología del Espíritu de Hegel: ¿no quedaríais asombrados y aplastados debajo de tanta y tamaña ciencia? ¿Cómo se puede no ser un sabio cuando gravemente, y sobre todo patrióticamente, se han pronunciado nombres y cosas tan sublimes y poco comunes?

Pero, lector, dirás tú: ¡este es un embuste y una mascarada!

Sí, para la gente seria que no vive de palabras, para la que aún cree en la ciencia honesta y legítima, que no consiste en copiar índices de libros científicos y citar nombres de autores; sí, para los que tienen alguna experiencia en el manejo de los libros y de las ideas; para los que saben cuán relativo es el valor de éstas y de aquéllos; para los que saben que la verdadera ciencia, pedagógica u otra, no es ni debe ser un objeto de lucro personal; para los que han visto de cerca pedagogos de veras y no de burlas, pedagogos que vivían en las escuelas y no en las bibliotecas; sí, para aquellos que no son pueblo ingenuo y contribuyente irresponsable que no distingue el gato de la liebre; sí, para aquellos que al criticar a los demás obreros por un mal trabajo, inhonesto o simulado, están en estado y en disposición de decir: ¡mi trabajo es éste; comparadlo con el vuestro!

Se nos dirá: *¿Qué es lo que tenemos que hacer, entonces?*

Dejar de simular; renunciar a la apariencia de las ciencias, y emprender la ciencia de las realidades; trabajar trabajar, trabajar, y en el caso concreto, cerrar los libros y abrir los ojos... sobre la vida.

Pero se dirá aún como se nos ha dicho ya: ¡Precisad, concretad, decid objetivamente lo que tenemos que hacer!

¿No lo habéis aprendido aún, señores pedagogos? ¿No lo sabéis?

Mañana os lo diremos.

19 de julio de 1910

CAPÍTULO VI

Cuando dentro de un cuadro de grandes y sintéticas líneas indicábamos una dirección total y una idea maestra que sirviesen de norma y base para la creación de la pedagogía nacional, temíamos de antemano que nuestras especulaciones y nuestras reglas de gobierno habrían de estrellarse contra una incomprensión e impreparación asombrosas, no ya de parte del público irresponsable y anónimo, sino de aquellos que por su estado y condición estarían llamados y obligados a tener mejor conocimiento de estas materias.

Habíamos hablado de la *necesidad de crear la pedagogía nacional, es decir de una pedagogía nuestra, medida a nuestras fuerzas, de acuerdo con nuestras costumbres, conformes a nuestras naturales tendencias y gustos y en armonía con nuestras condiciones físicas y morales...*

Nuestros sabios pedagogos encontrarían que una pedagogía así sería llanamente desastrosa. Afirman que no conocemos el aseo, que no gustamos del movimiento físico, tan proficuo a la salud; que tendemos a entregarnos a ejercicios piadosos, tendencia que acusaría un natural fanático; que somos alcohólicos, holgazanes, envidiosos, egoístas, mentirosos y, sobre todo, perversos. Que nuestra música es quejumbrosa (ioh Chopin!, ioh Beethoven!); que en pintura se prefiere los colores chillones y en poesía lo sentimental (ioh Heine!, ioh Sófocles!)

Todo esto y otras cosas más son verdad; pero lo que no es verdad es que el alma de nuestra raza solo conste, tratándose de costumbres y de tendencias, de aquellos elementos negativos y funestos. Esta es una calumnia que solo el cretinismo pedagógico es capaz de lanzar contra toda una nación y una raza. Esos son los vicios de la raza; pero de vicios no vive ni se engrandece una raza. Ahora bien, hacer una pedagogía según nuestra alma y nuestras costumbres, no quiere decir hacerla según nuestros vicios. Al revés, uno de los objetos de la pedagogía futura será justamente contribuir a curarlos o anularlos.

Pero ya lo sabemos, el bovarismo pedagógico jamás crea nada. Habla con una asombrosa gravedad del alcoholismo, de fanatismo, de egoísmo, etc., todos lugares comunes y clichés que están en boca de todos los filisteos del pensamiento boliviano, desde hace cincuenta años. Pero lo que beocios de todos los tiempos no han soñado siquiera, ni nuestros actuales pedagogos, es el descubrimiento, el estudio de todas las virtudes y fuerzas de la raza, la investigación de todos sus elementos de vida psicológica, la misteriosa y divina trama de esfuerzos y actividades, de acciones y reacciones interiores que constituye la vida misma de la nación. Esto no lo han visto nunca. De esto no hablan jamás. Revolved las bibliotecas y archivos, oficiales y particulares: no encontraréis una sola línea sobre el mecanismo íntimo de nuestra vida de bolivianos.

De suerte que cuando el sabio extranjero viene y pregunta sobre los sentimientos afectivos, sobre las condiciones intelectuales, sobre los procesos comprensivos e intelectivos de nuestra raza; cuando pregunta si conocemos los infinitos resortes de vida que una raza se ofrece a sí misma, resortes que no pueden menos que ser particulares y propios a los bolivianos, en el caso; cuando pregunta de qué género de fuerzas se sirve la nación en la lucha por la vida, de preferencia a otras, a las inglesas, por ejemplo, entonces, todo hinchados de ciencia ajena, y sin haber creado una sola vírgula de ciencia boliviana, respondemos en globo, sin detalles, sin análisis, sin comentario: alcoholismo, fanatismo, egoísmo, etc., etc. Son los eternos lugares comunes, las ideas-comodines, los conceptos postizos, las muletillas doctrinarias con que llena sus programas en mal castellano, todo aspirante a diputado o a ministro. ¡Y cuando no hablamos de esto, hablamos —siempre patrióticamente, siempre gravemente— de kindergarten, de gimnasios, de pedagogos europeos y de todo lo que hemos copiado de las ediciones de Brockhaus, de Tauchnitz, de la Insel-Verlag, y a veces apenas de Alean y de la España Moderna!

Y sin embargo, la raza alcohólica, egoísta, perezosa, fanática, es capaz de producir individuos como un Santa Cruz, y muchedumbres como las huestes del Pacífico.

¿Queréis comenzar a conocer siquiera de lejos la psicología boliviana, señores pedagogos que solo sabéis de Europa y de nuestros vicios? Tal vez el soldado chileno o el acreano puedan informaros de algo...

20 de julio de 1910

CAPÍTULO VII

Velay que comenzamos a tocar los contornos palpitantes y el punto candente de la cuestión pedagógica. Al fin, preciso era que justifiquemos el título de uno de nuestros primeros editoriales: *Las grandes orientaciones de la Instrucción Pública en Bolivia*.

En medio del grande aparato de métodos, de experiencias, de materiales de todo orden, de que es preciso rodearse y ocuparse cuando se afronta la cuestión de la instrucción pública de un país, existe algo cuya importancia está por encima de todas estas cosas, y las presupone y las condiciona exclusivamente, y que siendo como es, a un mismo tiempo, objeto y sujeto de toda pedagogía, pospone cualquier empeño, cualquier interés, cualquier consideración que no sea ello mismo: ese algo es el niño.

El niño escolar que un día será joven universitario, es y debe ser materia prima y primordial de toda pedagogía. Toda tentativa, todo ensayo convergen hacia él; todo resultado, toda esperanza irradian de él. Todas las ciencias y artes pedagógicas no tienen más objeto que él, y él mismo es sujeto exclusivo de toda evolución, de todo fenómeno pedagógico. Todo por él y para él; nada fuera de él.

Se puede suponer la existencia de un pedagogo que ignore todos los métodos de enseñanza imaginables: si conoce la naturaleza íntima de su niño educando, ¡basta! Será el maestro ideal, irreemplazable, porque será el único capaz de servirse de todos los resortes y expedientes que pudiera ofrecer la naturaleza particular de aquel niño. Haced la experiencia contraria: dadnos el pedagogo en cuyo cerebro yazgan perfectamente catalogados y clasificados todos los métodos de enseñanza humanos y en cuyas manos pueda jugar libremente el ingente material educativo de que dispone nuestro mundo moderno: si ignora las facultades y modalidades de la naturaleza moral e intelectual del niño que debe enseñar, su labor será vana, cuando no nociva.

¡Imaginaos pues, ahora, lo que, tratándose de instrucción pública, significa la investigación y estudio de la naturaleza del niño! ¡Y ved lo que para nosotros importa el estudio (si es que se lo ha hecho) de las pedagogías europea o americana; japonesa o manchega, junto a la total ignorancia del espíritu y del cuerpo del niño boliviano!

Ahora bien, ¿cuál será la utilidad del conocimiento de los métodos extraños creados especialmente para razas y países del todo dispares a nosotros? Seguramente tienen una utilidad relativa y secundaria: la de armar al pedagogo boliviano de conocimientos generales y de experiencias ilustrativas de su inteligencia. Pero este conocimiento extraño no bastará jamás para hacer una verdadera pedagogía boliviana. El estudio hecho en Europa servirá en el mejor caso como un trabajo preparatorio, pero nunca será el trabajo definitivo. Este tiene que hacerse en Bolivia, primero, desenvolviéndose y operando comprensiva y sintéticamente, dentro de la raza; segundo, aplicándose y objetivándose concretamente en el niño mismo. ¡Esta, y no otra, es la cuestión!

El material de nuestra pedagogía está vivo y palpitante en nuestras manos. Es el niño boliviano, la inteligencia, la voluntad, la moralidad bolivianas. Es la vida misma que modela nuestros dedos, y que, con todos sus misterios y sus sorpresas, se manifiesta a nuestros ojos, los cuales prefieren cerrarse a ella para solo abrirse a un mundo exótico y extraño, que no debería interesarnos sino oblicuamente y *a posteriori*. En estas materias tenemos, como todo hombre, un campo propio que labrar; pero preferimos ir a labrar el ajeno. Nuestra psicología infantil está por hacerse; preferimos ir a averiguar lo que pasa en el alma del niño alemán o suizo. ¡Quién se cuida del niño aymará o del niño mestizo y puede decirnos media palabra de su naturaleza física o moral, fuera de los lugares comunes de fanatismo, alcoholismo, y demás chirigotas científicas! Lo único que se ha descubierto es que se necesita el látigo para el niño boliviano, y esto es una gran conquista pedagógica. Es posible que así sea, y que el látigo, sobre todo el de la verdad y el de la veracidad, sea lo que más falta hace en nuestro mundo pedagógico.

En malhora habíamos hablado de antropometría y de índices gráficos de resistencia, tratándose del niño boliviano. Se ha creído que no pedíamos más para dar por creada y fundada la pedagogía nacional. *Sancta simplicitas!* Es así cómo se nos comprende y cómo se nos interpreta. Verdad es que tenemos que dirigirnos al universal personaje llamado por Remy de Gourmont: *celui qui-ne-comprend-pas*. No se ha comprendido que esta necesidad que hemos apuntado es una entre mil de que sufre nuestra naciente pedagogía. No se ha comprendido que en la total ausencia de toda materia seriamente pedagógica en Bolivia, y en la total carencia de medios y hombres para el caso, hemos

hecho una pregunta y hemos demostrado una deficiencia; y que si fuésemos a apuntar todas las deficiencias y vacíos, probablemente nos encontraríamos con que toda nuestra labor y obra pedagógica, desde hace cien años, es igual a nada, o poco menos.
Esto tendremos que mostrar gradualmente.
21 de julio de 1910

CAPÍTULO VIII. UN PARALELO

Antes de afrontar finalmente nuestro problema pedagógico, cuyo mal radical, según nosotros, reside más en la incomprensión e incapacidad de los hombres, que en la deficiencia de medios exteriores, queremos servirnos de un paralelo, como medio de estudio, paralelo que sea experiencia irrecusable, ejemplo provechoso, y a la vez expediente que facilite la continuación de nuestros estudios en la materia. Tal es. A veces el hombre o el pueblo que se investiga, sale voluntariamente de sí mismo para contemplarse como en un espejo, en otro hombre y en otro pueblo; y este método tiene la ventaja de, tomando por base un fondo común de humanidad, buscar las leyes de la vida en otro medio similar, cuando el propio no las manifiesta bastante claras. Imaginad una nación que histórica, geográfica y étnicamente es el antípoda del mundo europeo. Su sangre, su pasado, su educación y su presente son totalmente diversos. Hay tal disparidad con el europeo, que éste la considera poco menos que salvaje, y le envía misioneros jesuitas, lo mismo que al Paraguay u otros bárbaros. He nombrado al Japón.

El Japón durante siglos, duerme estacionario e inactivo, respecto del grande movimiento occidental; y es preciso leer todo género de *Cartas Edificantes* para saber la idea que Europa se hace de él durante los siglos XVII y XVIII. Se juzga de él lo que hoy juzgamos de nuestros tobas, o poco menos. Cómo ha de ser si apenas se le siente respirar en su extremo oriente.

Súbitamente he aquí que el Japón abre los ojos y levanta las manos, y empieza a devenir consciente y a obrar. Es un despertar. De lo primero que se percibe es que lo que más intensamente vive sobre el globo es Europa: pues allá se dirige todo su empeño, ¿cómo?, emprendiendo el estudio de sus ciencias, de sus artes, procurando sorprender sus secretos de vida y de actividad, y poniéndose al acecho del mundo europeo, como al de una presa. El Japón en sesenta años adquiere cuanto se puede adquirir. ¿Y qué es lo que adquiere? Todo lo objetivo, todo lo exterior de la vida europea: las fórmulas y los procedimientos científicos, los medios externos y palpables para adquirir la riqueza, crear la industria o fomentar el comercio. Y el Japón evoluye y convoluye.

A la vuelta de algunas décadas, el Japón aparece a nuestros ojos totalmente cambiado. El japonés se viste a la europea, habla inglés, hace la química de Lavoisier y de Berthelot, aplica las finanzas occidentales, comenta la religión, la política, la diplomacia de los blancos, no ignora cuanto se ha impreso y fabricado en occidente, y la nación, por lo menos en el frontis de sus grandes puertos y ciudades, está tan mudada, que engaña a todos los miopes que se ocupan de la historia y vida de las naciones. Y los necios y los ingenuos, hablan en Francia y en otras partes, de la europeización del Japón...

No, eso no existe ni ha existido jamás. Hablad de la europeización de Buenos Aires o de Nueva York; pero no de la del Japón. Y aquí se presenta una distinción de altísimo interés histórico: en el Japón hay una civilización europea; pero la cultura toda, es decir el alma y la médula, son japonesas. Lo que importa de un continente a otro no puede ser sino cosa muerta en sí y no puede tener un valor real sino en cuanto el sujeto que ha servirse de ello es realmente un elemento vivo y activo. Se puede importar de un lugar a otro todo género de cosas: métodos, fórmulas, utensilios, ideas y máquinas; pero lo que no se importará jamás a ningún país, es la energía, la voluntad, sin las que todo el resto no vale ni significa cosa alguna. Y lo que hay interesante y trascendente en el Japón, no es el barniz europeo ni la aplicación de ciencias y artes occidentales; es el alma japonesa, que ha devenido tan poco europea, que entre ambas hay cien veces mayor distancia que entre el alma yanqui y el alma italiana, por ejemplo. Pero para los que no tienen más fuerza ni más capacidad que para quedarse en la superficie de las cosas y en su apariencia; para los que no pueden penetrar en la médula de la vida, lo único que cuenta y que vale son las exterioridades, y atribuyen una virtud definitiva a los medios externos, y creen en la eficacia absoluta del dinero (¡oh el dinero!) para edificar escuelas, instalar laboratorios y construir palestras, por la simple razón de que aparentemente Europa y el Japón deben su desarrollo vital a aquellos medios exteriores.

Y volviendo al Japón, os daremos un pequeño rasgo de alta psicología nacional, por el que se pueda apreciar todo lo que hay de permanente e inasimilado en el fondo del alma japonesa. Naturalmente, esto no está en los libros; pero está en la vida, y ha habido que abrir los ojos sobre ella para poder verlo. Es la guerra. Un capitán japonés regla sobre un otero el fuego de su batería. Hay la coraza del cañón, o un árbol, o un muro detrás del que se podría ordenar muy bien la maniobra.

El japonés busca la mayor eminencia. Las granadas llueven a su rededor y abaten la mitad del pelotón. El capitán hace un cálculo trigonométrico en su carnet bajo el granizo de balas. Diréis: es el heroísmo inútil. Posible. ¿Qué dirá el francés? Fanfarronada; ¿qué dirá el inglés? *nonsense*, insensatez, cálculo falso. Y sin embargo el oficial francés y el inglés serán igualmente valientes y harán lo mismo su deber de morir si acaso, pero lo harán cada uno según su propia alma, y lo harán de modo diferente al japonés. Este tiene necesidad de afirmarse a cada instante su desprecio de la muerte y de todo lucro de la vida. Primero su ideal; después el resto.

Esto es lo que significa la voluntad y el alma raciales, y es así cómo se diversifican y especifican unas de otras.

Y con este paréntesis necesario, mañana a nuestro tema.

22 de julio de 1910

CAPÍTULO IX. LA RAZA

Hemos necesitado comenzar por destruir para edificar. No hemos llegado a un campo vacío y fácil. La ciencia a medias y toda suerte de intereses inferiores usufructuaban ya de él. Había que denunciar el parasitismo científico y pedagógico que solo vive de dos cosas: de difamar la raza y de despojar la ciencia europea. Para él no hay más que dos cosas: o nuestros vicios, o fórmulas secas y muertas de una ciencia ajena y lejana. Y esta es la primera grande orientación de la futura ciencia boliviana: Tratándose del conocimiento de nosotros mismos, no hay ciencia europea que valga; somos un algo vivo: descubrir nuestra ley de vida, que seguramente no es francesa ni otra sino boliviana. Ocuparse solamente de vicios propios y de fórmulas ajenas es procedimiento estéril y negativo. De él no brotará jamás ni la vida ni nada. Orientarse al revés: buscar nuestras energías latentes, y descubrir nuestras fuerzas vivas para hacerlas servir a una obra sólida y real. Este es el camino de los fuertes que no confían más que en la naturaleza y en la vida, fuente de toda ciencia y de toda energía: Ya lo hemos dicho: de vicios no vive ni se engrandece una raza, y sobre simples vicios no se funda pedagogía ni nada. ¿De qué estamos viviendo pues? Seguramente de algo que es una fuerza y una ley de vida. Es esto que debemos buscar y descubrir. Llegados a este punto, lo primero que se nos presenta es la cuestión de raza. Comencemos a ver lo que es.

Se habla de conglomerados étnicos, de que en orden de razas somos un conjunto de elementos heteróclitos, sin unidad histórica ni de sangre, que nuestro fondo étnico es un crisol donde se han fundido diversas humanidades, y se saca de esto la consecuencia —no sabemos con qué fundamento— de que no existe o no puede existir un carácter nacional, una ley biológica especial, lo que se llamaría un patrón, una medida y un molde raciales que sirviesen de base y de guía en estas especulaciones y exploraciones. Que, por consiguiente, son criterios europeos, procedimientos y conclusiones europeas las que hay que emplear, cuando se trata de nuestra raza y su evolución.

Aquí lo absurdo de cierta dialéctica salta a la vista. De la creencia en la necesidad de asimilar culturas europeas se ha deducido de hecho la asimilación de nuestras razas hispanoamericanas a las europeas.

Volvemos sobre este punto en artículo especial.

¿Por qué se afirma *a priori* y sin ulterior razón que por el solo hecho de que un grupo étnico es el producto de diferentes elementos étnicos no puede tener un carácter nacional y una ley biológica propia? Aquí viene bien decir que la incapacidad de ver una cosa es la única razón para negarla.

Comencemos por establecer que es ya lugar común y vulgar de estas ciencias, el aceptar que, históricamente, no existe sobre el globo raza absolutamente pura y sin mezcla; que los grupos humanos que mayor unidad acusan en su morfología total, no solo son combinados y complejos, sino que son tal vez los que mayores y más numerosas influencias y cambios étnicos han sufrido. Y aquí el lado puramente racial del problema, pierde grandemente de importancia. La cuestión es: seguramente el hombre hace historia; pero ¿quién hace al hombre? El instante histórico y el medio ambiente. Bien está. Resultaría entonces que en el estudio de la cuestión, la parte estrictamente racial no representaría sino la tercera parte de los factores que componen el problema; y que por consiguiente el postulado de que por el hecho de que una raza no es históricamente pura, no tiene carácter nacional ni una ley biológica propia, es una simple petición de principio.

¿Ni cómo puede ser de otra manera? ¿Qué se entiende por carácter nacional? ¿Hay acaso un criterio fijo y definitivo que aplicar a las diferentes manifestaciones biológicas de un grupo étnico, y en virtud del cual se pueda decir; esto es carácter nacional, esto no?

Bien está hablar de carácter nacional; pero antes habría que entenderse para atribuirlo o rehusarlo a una raza, sin mayor control.

Lo cierto es que tratándose de conceptos generales y genéricos como el de la raza, ellos no resisten un análisis severo y estricto. Los conceptos generales las más de las veces no son sino como fachadas de papel tras de las cuales no existe una entidad físicamente real o lógicamente verdadera. En este punto, permítase al que esto escribe proponer una idea radical y trascendente. Allí donde existen un padre y una madre que generan, allí existe ya una raza, es decir allí podéis buscar y comprobar ya una ley biológica, que como tal, estáis en el derecho de esperar que se repita y permanezca, tantas veces cuantas las condiciones que la han manifestado vuelvan a presentarse las mismas.

Antes de continuar, insistimos en el peligro que hay de jugar con los conceptos generales, casi siempre incompatibles con una disciplina mental rigurosa. Se acepta en conjunto una idea que las más veces no es más que un ente de razón; se discute, se polemiza, y solo al fin se cae en cuenta de que no se estaba de acuerdo sobre el valor y los límites reales del concepto.

23 de julio de 1910

CAPÍTULO X

No porque seamos un compuesto o un producto de diferentes elementos étnicos debemos o podemos aceptar que no existe, tratándose de nosotros, carácter nacional. Desde que hay nación, esto es, desde que hay un grupo humano que permanece en la historia y genera en la naturaleza, dentro de un marco de condiciones especiales, propias y permanentes, entonces hay raza, y entonces, hay carácter nacional.

¿Y qué es el carácter nacional, según esta manera de concebir las cosas?

—Es la manifestación constante de una ley biológica tratándose de una nación.

¿Y cómo se muestra y dónde se la encuentra? En todas partes y en todas manifestaciones de la nación: en la inteligencia, sobre todo en las costumbres, en los gustos y tendencias, en sus afinidades y repulsiones: es el genio de su historia y es como el tinte de que matiza toda su actividad nacional. Puede a veces no ser suficientemente personal o típico; puede a veces poseer ciertas condiciones comunes con las de otros caracteres; puede a veces sufrir a lo largo de la historia, depresiones bióticas considerables, o exaltaciones e intensificaciones inesperadas; un gran ojo científico (Bacon, Darwin) será siempre capaz de sorprenderlo y descubrirlo, a través de todos sus eclipses y en sus momentos de mayor despersonalización.

Segunda grande orientación de la futura ciencia boliviana: existe el carácter nacional, y este carácter nacional debe ser la base y materia de toda evolución histórica.

¿En qué consiste? ¿Qué es? ¿Cómo es?

—Esto es lo que el cretinismo pedagógico no nos dirá jamás, porque esto no está todavía en los libros ni hay cómo plagiarlo del primer sorbonizante transatlántico; y es esto lo que diremos a su tiempo y que será otra de las grandes orientaciones de nuestra vida y de nuestra ciencia.

Continuemos.

El carácter nacional, tratándose de hombres, es como el substratum de toda vida. Es tan absurdo negar su existencia, no se diga ya en un grupo étnico como el nuestro, pero en la tribu más salvaje y primitiva, que se puede afirmar *a priori* que él existe lo mismo en una tribu hotentote que en una pelasga.

Pero haciendo nuestro papel de psicólogos, os hemos de decir por qué nuestros absurdos pedagogos, los negadores de la vida, los calumniadores de la raza, por qué niegan la existencia de un carácter, de una energía nacional. Han leído del carácter de las grandes naciones pasadas o presentes; han visto cómo esas naciones, gracias a su carácter nacional, han podido realizar en la historia cosas grandes e ilustres; sus comentadores, al hablar de las grandes historias, solo han hablado de los grandes caracteres nacionales, y el resto del mundo ha quedado como en sombra. Esta fue razón suficiente para que nuestros pedantes solo crean en la existencia de un carácter nacional tratándose de grandes naciones y grandes grupos étnicos. Mientras tanto, ¿las pequeñas naciones?, ¿las naciones ínfimas? ¡Como no se ha escrito ni hablado de ellas, como no se puede tomarlas por patrones y guías se concluye llanamente que no tienen carácter nacional, y esto se llama lógica, y así se filosofa!

Sabed una cosa, una vez por todas: donde hay vida hay carácter. Toda la cuestión es saber medir la intensidad de esa vida para poder concluir la de su carácter. El que en este punto del globo o en este instante histórico se presente la vida en condiciones inferiores y pobres, paupérrimas tal vez, no significa otra cosa que su carácter se manifiesta igualmente inferior, pobre, paupérrimo, en su caso; pero no se puede concluir de esa pobreza la no existencia de carácter. Justamente os diremos, que uno de los signos de la gran depresión vital, de la pobreza interior de vida, es y ha sido siempre, una miopía intelectual en las razas o en sus representativos, que impedía una clara visión y una nítida conciencia de la propia vida individual o colectiva. Esa miopía puede llegar en casos hasta el extremo de negar y renegar los mismos y propios elementos de vida de que se vive sin embargo. Es nuestro caso.

Y aquí cabe dar la fórmula, que por esta vez no es nuestra.

Cuando el gran Goethe, el maestro de maestros, emprendía también en su país la misma campaña que hoy emprendemos en el nuestro, y osaba demoler ídolos y decir la verdad, y desenmascarar simuladores, y osaba hablar en nombre de la energía a todos los encobardecidos, y desconfiando de las bibliotecas siempre estériles se entregaba a la naturaleza siempre fecunda; cuando sobre esas ruinas de prejuicios y absurdas creencias y sobre los restos de todos los profetas falsos, la élite de espíritus preguntó a Goethe: ¿en qué creer entonces? Goethe respondió:

—*Glaube dem Leben!* —que en buen tudesco quiere decir: «¡cree en la vida!», y lo que debe ser el evangelio de todo hombre y de toda nación dignos de ser y quedar nación y hombre.
24 de julio de 1910

CAPÍTULO XI

En verdad que tratándose de los intereses raciales de una nación, no hay estado peor que aquel de inconsciencia de sí misma, y que en el terreno de la historia se traduce por la imprecisión de la voluntad y la indeterminación de los actos y de los hechos. Una raza que no sabe jamás qué pensar de sí misma, es una que está en una crisis transitiva, o que está por perecer. Es lo que llamaríamos la duda racial.

En un estado semejante, la historia toda de una nación parece como afecta de una ataxia general de movimientos y direcciones. Existe una aparente ausencia de lógica en todos sus hechos. Se presentan acontecimientos cuya razón de ser escapa a toda investigación. Se pregunta uno: ¿qué ha pretendido esta nación al obrar de esta manera? ¿Cuál ha sido su móvil y su objeto? Y el investigador que necesita llegar a conclusiones definitivas, queda sorprendido de establecer que no ha habido móvil ni objetivo. Por poco que en estas condiciones la raza posea una sangre ardorosa y un temperamento vivo, los males se agravan en la misma proporción.

Con estas ideas demasiado sumariamente apuntadas y que están pidiendo volumen aparte, ¿queréis ahora extender una mirada retrospectiva sobre la historia de Bolivia?

Examinad un poco todo su período convulsivo. No es seguramente la energía ni la voluntad que faltan. Al revés, a veces el investigador se encuentra con un tal derroche, que es de asombrarse cómo se puede despilfarrar la energía durante tanto tiempo, sin mostrar históricamente una fuente y un proceso visibles de reparación. En este sentido, podemos decir que la historia de Bolivia es una de prodigalidad.

Pero, volviendo a la cuestión, preguntémonos, ¿dónde está el mal fundamental? Todos los miopes no lo ven sino en las exterioridades palpables y visibles. Se habla de aislamiento geográfico, de dificultades orográficas y deficiencias fluviales, etc. Se olvida que Inglaterra no ha sido más que una yesera y los Países Bajos un pantano, y que es un hecho frecuentemente confirmado en la historia que la grandeza de una raza está en proporción directa de las dificultades vencidas en su lucha con el medio y con los elementos ambientes...

No, aquel criterio no es justo, y al revés, es un síntoma de los estados de duda, de los períodos de inconsciencia nacional y de depresión volitiva, el de buscar el origen del mal en las condiciones exteriores y desfavorables que rodean la nación. Este criterio no es más que un resultado del mal mismo, y no sirve más que para agravarlo.

El remedio tiene que ser tan radical como el mal. En vano se pretenderá aplicar medios artificiales y exóticos que en el mejor caso darían un resultado paliativo y pasajero. En este punto, nuestros contradictores, que casi siempre han entendido absurdamente nuestras ideas, tendrían razón al pretender que no es la simple importación de profesores extranjeros la que resolvería la cuestión educativo-racial en Bolivia. Tampoco lo hemos pretendido; y al momento de concluir en fórmulas netas nuestras ideas lo mostraremos más claramente. Otra es nuestra razón de pedir profesores extranjeros.

Mientras tanto la cuestión central para nosotros queda siempre: despertar la conciencia nacional, que equivale a despertar las energías de la raza; hacer que el boliviano sepa lo que quiere y quiera lo que sepa. Como se ve, este es un problema y una cuestión muy más trascendental que la cuestión instructiva, la cual a su vez es menos fundamental que la educativa. Bien decía el maestro: *ninguna nación merece un juicio sino desde el momento en que ella misma es capaz de juzgarse.*

Hay naciones tan atrasadas en punto a instrucción privada o pública, que como un signo exterior os diríamos que a comenzar del emperador, todos van con los pies desnudos: tal es Abisinia, y sin embargo Abisinia, como nación, cuenta mucho más en el mundo que Bolivia y el Perú juntos. Y es porque en esa nación de negros existe una conciencia de sí misma que como primer e inmediato resultado, da a la nación toda la posibilidad de obrar con lógica y de dar una unidad a toda su historia. ¿Existe tal cosa en nosotros? No hablemos del conjunto en que siempre la conciencia racial y nacional es más o menos nebulosa; tomad al azar cuatro de nuestros hombres de estado y preguntad: ¿qué es lo que creen o piensan sobre lo que un poco pomposamente llamaríamos la misión histórica de la raza? ¡Ya veréis lo que os responderán, si es que se os responde!

Tal es la capital importancia de la cuestión.

Bueno es pedir fórmulas concretas (que vendrán a su tiempo) y exigir minutas de reglamentos y borradores de leyes para resolver una vez más la instrucción pública en Bolivia; pero, por otra parte, es absolutamente necesario que haya

hombres o siquiera uno que abrace el problema total y conciba la cuestión final y definitiva; y sea dicho de paso, sin menoscabo para nadie: esta es más tarea de hombre de estado que de pedagogo.
26 de julio de 1910

CAPÍTULO XII

Tercera grande orientación: la provocación de la conciencia nacional, que es más un sentimiento que un concepto general. El boliviano debe hacerse consciente de su fuerza como hombre y como nación, y esto sin metafísicas complejas y apriorísticas. Debe hacerse un concepto claro y nítido de su vida y de la vida en general, más ajustado a la realidad de la lucha por la existencia que a la idealidad de una armonía metafísica.

Aquí cabe destruir una vez por todas las fantasías con que se aduerme la energía personal y colectiva, y que se ha bebido en algunos ideólogos modernos (Tarde, Fouillée, Guyeau, Amiel).

Tratándose de la pedagogía nacional y del modelamiento de un alma racial, se habla con una seguridad dogmática y doctoral del ideal de la humanidad, y se le detalla en las sonoras y hermosas palabras: altruismo, verdad, belleza, etc.

Preguntamos, ¿dónde ha existido, no diremos ya dónde se ha realizado este ideal de la humanidad, si es lícito saberlo? Se habla de las grandes naciones y de su apogeo histórico. ¿En cuál de ellas ha existido ese famoso ideal humano de altísima moralidad? ¿Tal vez en Inglaterra a propósito de Irlanda y de la India? ¿Quizás en Alemania y Rusia, a propósito de Polonia? ¿Quizás en Italia a propósito de Abisinia?

¡Ideal de la humanidad! Esa es una irrealidad que no ha existido nunca sino como un producto artificial y falso del romanticismo francés (¡oh ingratísimo Rousseau!) y que las naciones no han practicado jamás, ni hoy ni antes. Imaginaos un poco el imperio romano o el imperio británico teniendo por base y por ideal el altruismo nacional. ¡Qué comedia!

El ideal humano, si existe, es la preparación de las fuerzas de la nación, no en vista de un imposible y necio siglo saturniano de paz y concordia universales, sino en previsión de que la vida toda es lucha sin tregua, lucha de intereses, lucha en todo terreno y de todo género, en los mercados lo mismo que en los campos de batalla.

Debemos destruir de raíz esa necia y pueril orientación que nuestros pedagogos plagiarios e impotentes pretenden imponer al alma y a la energía bolivianas. ¡Altruismo!, ¡verdad!, ¡justicia! ¿Quién las practica con Bolivia? ¿Tal vez Figueroa Alcorta o Río Branco?

La cuestión es que se ha leído a los ideólogos franceses, enfermos todos de moralismo sentimental, y se ha viajado por Europa con los ojos vendados; y en vez de ver y palpar la cruda realidad de la vida y su organización en las grandes naciones, se ha preferido plagiar los sueños consignados en libros necios y que las leyes de la vida desconocen. ¡Hablad de altruismo en Inglaterra, el país de la conquista sabia, y en Estados Unidos, el país de los monopolios devoradores!

El nuevo oráculo délfico que habrá que grabar sobre la portada de nuestras escuelas, no será el de *haceos sabios* sino el de *haceos fuertes*. Esta es la solución del problema total de la vida; este es el sentido del siglo en que vivimos; esta es la realidad de las cosas como las practican las más grandes naciones del pasado y del presente. Los pedantes vienen a orientar falsamente nuestra educación y nuestra pedagogía nacional, y vienen a hablarnos de un *ideal de la humanidad* que no ha existido jamás ni se ha realizado en ninguna parte. Se preguntaría: ¿quién ha definido ese famoso ideal? ¿La Biblia? ¿Cuál de nuestras infinitas filosofías? En el terreno de la realidad, ¿cuál de las naciones?, ¿cuál de las razas? ¿Es tal vez el sensualismo estético y espléndido del Renacimiento italiano? ¿O el egoísmo sabio, triste y puritano de Inglaterra? ¿O el imperialismo brutal, erudito, minucioso y hambriento de Alemania? ¿O el pompadourismo afeminado y refinado del siglo XVIII francés? ¿En cuál de estas formas humanas se encuentra ese famoso ideal de la humanidad?

¡Y es hacia un embuste semejante que se pretende orientar la educación y la pedagogía nacional!

Lo peor del caso es que el embuste no solamente es tal, sino que es infinitamente peligroso y nocivo para nosotros. Significa para nosotros el adormecimiento de nuestras escasas energías; la pérdida de tiempo en la contemplación de una irrealidad; el alejamiento voluntario de una filosofía sana y simple, como es siempre la verdad. ¡Cómo no! ¡Eduquemos carneros altruistas que solo sepan de justicia, y que no sepan de luchar ni de vencer, la sola ciencia que es capaz de engrandecer una nación! ¡Y esto se llama orientar la pedagogía nacional!

Definamos un poco nuestras ideas educativo-pedagógicas de las de nuestros sabios pedagogos. Definamos nuestros papeles: mientras ellos instituyen en doctrina el *Ideal de la humanidad* y hablan de altruismo, de belleza, de justicia, etc., todos conceptos infinitamente elásticos, vagos, todas ideas generales, demasiado generales; mientras ellos se instituyen en maestros de ideal y de belleza, nosotros nos instituimos en profesores de energía nacional.

Y esta es la cuarta grande orientación de la pedagogía nacional.

27 de julio de 1910

CAPÍTULO XIII

La ciencia se compra; la energía no.

Esto es lo que hay que enseñar no tanto ya a los niños en las escuelas, cuanto a los gobernantes en sus gabinetes (porque hay que saber que, cuando hablamos de instrucción pública en Bolivia, no solo son los niños y los gobernados los que la necesitan).

¿Paradoja? No; historia y realidad.

Mirad los Estados Unidos: hace ochenta años que están comprando la ciencia a Europa, como tantas otras cosas. Sin duda ahora comienza a existir una ciencia americana, y de vez en cuando, rara vez, se cita en los centros científicos europeos un nombre americano célebre ya.

Pero es preciso haber visto lo que pasa en los Estados Unidos con la ciencia aplicada, con aquella parte de la ciencia de la que la humanidad saca un verdadero y palpable provecho. Es preciso haber visto en los grandes establecimientos fabriles cómo se distribuye el trabajo de creación y aplicación científicas. En medio de la barahúnda de máquinas y competencias, el esfuerzo, el capital, la empresa, son americanos; el ingeniero, nueve veces sobre diez es europeo. Hay todavía un producto del todo europeo, lo que llamaríamos el obrero científico. Sin llegar a las alturas del ingeniero politécnico o del sabio de laboratorio, el obrero científico como lo produce Europa, sobre todo Francia e Inglaterra, es algo que no existe aún en Estados Unidos ni en parte alguna. El obrero científico es el tradicional del trabajo. No sé si el concepto es bastante claro: pero se trata de un obrero que ha aportado a la rutina estrecha de un trabajo dado, tal dosis de propia iniciativa, tal suma de amor y de consagración, tal espíritu del bienhacer, que la rutina se ha como transfigurado. La humilde mano de obra ejecutada en tales condiciones, llega a pagarse cuatro veces más que cualquier otra; y esa mano de obra así, solo existe en Europa, y los americanos la compran sin mirar a la tasa, y la razón es que esa mano de obra es el producto de un cultivo secular de ciencias aplicadas que no se encontrará por mucho tiempo en las naciones nuevas, por ricas y grandes que sean. Como se ve, hay algo en las ciencias aplicadas que no reemplaza al tiempo.

Bien pues: la ciencia se compra, cualquier ciencia, toda ciencia; y si en Bolivia no hubiese otro problema que el instructivo, ya nuestros viciosos que solo creen en el poder del oro, tendrían razón al pretender que nuestro mal central está en la pobreza de oro, y no se piensa que el oro nada puede, cuando no es naturalmente el representativo, el símbolo de la energía nacional. Se olvida o no se conoce un célebre ejemplo. La riqueza, la plata americana (riqueza ajena) ha matado la energía española. Ni Alba ni el Potosí han bastado para fundar nada estable en Flandes. Todo ha pasado como hojarasca, a pesar de la más fantástica riqueza, ¿por qué?, porque esa riqueza no era el símbolo de una real y verdadera energía. ¡Ved ahora lo que puede el oro!

Ahora nos toca decir del oro lo que hemos dicho de los métodos y procedimientos extranjeros; nos toca denunciar su utilidad relativa y secundaria; nos toca mostrar su importancia última al frente de la primordial que es la de la energía nacional. Es la energía lo que no se compra, lo que no se importa de ninguna parte, lo que no se puede plagiar jamás, lo que los pedagogos propios y extraños no nos darán jamás, y lo que justamente creemos que existe en nuestras venas.

Es esa energía que nos dará un día el oro para comprar lo útil y lo inútil, la ciencia y la que no lo es, y cuanto se puede mercar en el mundo. Es esa energía que gobernantes y gobernados deberían buscar y estudiar, y la que nosotros tratamos de despertar en la nación, cuando tratamos de la cuestión que de más cerca la toca: la instrucción pública.

¡Compréndase ahora nuestra indignación de bolivianos cuando vemos que la pedagogía nacional, no consta, según nuestros teorizantes, más que de dos elementos: uno negativo, los vicios de la raza, y otro positivo, el metodismo exótico! ¡Y en esta labor gastamos el tiempo y el dinero!

¿Un ejemplo abrumador y definitivo de lo absurdo de estos caminos y de lo razonable de los nuestros? Helo aquí:

El presidente Montes no ha visto en su vida una escuela ni un pedagogo europeos en función; no tiene más idea de kindergarten, polígonos y otros embelecos, que la que un hombre generalmente culto puede tenerla en la lejana América; y sin embargo, el presidente Montes, en cinco años ha hecho por la instrucción pública lo que todos los pedantes no harán seguramente en cincuenta, revolviendo otras tantas veces la legislación y la reglamentación del ramo. Ahí están las cifras de la instrucción primaria al final del gran quinquenio.

Esto es lo que puede la energía; esto es lo que significa buscarla y perseguirla en sí mismo y en la propia raza; esto es realidad y no simulación de trabajo; esto es gobernar, tratándose de instrucción.

Y con esas cifras, al buen entendedor, ¡salud!

CAPÍTULO XIV. LO QUE SE DEBE ENSEÑAR

Habíamos pensado indicar las dos direcciones fundamentales que, según nosotros, hacen y componen nuestro carácter nacional. Pero en verdad la exposición en rápidos artículos de prensa es demasiado sumaria y sintética. Se indican ideas, se las señala de lejos y se pasa adelante. Este método periodístico por excelencia, no se acuerda bien para tratar de principio una cuestión que nadie ha tocado aún en Bolivia, ni directa ni indirectamente.

Además, señaladas ya las verdaderas orientaciones que según nosotros debería darse a la instrucción pública en Bolivia, orientaciones que hemos expuesto más en vista de los que gobiernan y encauzan la instrucción pública que en la de los que enseñan (pedagogos propiamente dichos), creemos oportuno descender al detalle mismo, y comenzar ya a hablar de las maneras de hacer prácticas las grandes orientaciones indicadas en nuestros anteriores editoriales.

No todo se puede hacer a la vez.

Hay para nosotros un trabajo primordial y de gobierno, y es el de concebir una idea maestra para toda la instrucción pública. Es lo que hemos llamado orientarla. No se habla aún de métodos ni de medios; se pregunta simplemente por una dirección total; los caminos se indican después.

La parte fundamental es siempre la manera cómo conciben la instrucción pública los que la dirigen y la reglan. Se pregunta: ¿Qué es lo que pretendéis hacer del boliviano: un soldado, un ciudadano, un sabio, un hombre modestamente útil o un refinado superior? ¿Perseguís verdaderamente una cultura? ¿Cuál? ¿Será ésta sobre todo científica, moral o religiosa?

Los pedantes nos han prevenido ya que persiguen todo esto a la vez, como si eso fuese posible, como si jamás lo hubiese sido para los pueblos más grandes y más ricos de naturaleza. Pretenden que es cuestión de tiempo y de labor. Que se comenzará por las letras elementales para acabar enseñando las más grandes artes (¡enseñar el arte!).

Porque ellos piensan que existe una armonía preestablecida, tratándose de instrucción y educación públicas, armonía dentro de la que caben todos los ideales, y que verdaderamente es posible tomar a cada siglo y a cada nación sus cualidades superiores para hacer un ramillete de maravillas humanas e implantarlas en Bolivia, sin más ni más. ¡Cómo no! ¡Si los ideólogos franceses sueñan con ello, aunque la realidad se ría siempre de ellos! Es en este sentido que la primera labor era sin duda la orientación de esas grandes cuestiones. Lo hemos hecho en conjunto y sintéticamente. La labor ahora es bajar al detalle y responder a la pregunta: ¿Qué se debe hacer del boliviano? Esta pregunta, naturalmente, no se han propuesto siquiera nuestros pedagogos, y en verdad que sería cómico oírles responderla. Por lo poquísimo que han escrito antes de ahora, seguramente la octava maravilla: darle el ingenio francés, la fecundidad italiana, la superioridad muscular y moral inglesas, la riqueza yanqui, el valor japonés, la cultura de ideas helénicas... y la pregunta queda en pie: ¿Qué se hará del boliviano?

Queremos investigarlo y ese estudio entra dentro del capítulo sobre lo que se debe enseñar.

La gran cuestión de la definición de nuestro carácter nacional, fecunda si las hubo, queda para el fin como la explicación y última razón de nuestras ideas sobre las grandes orientaciones de la pedagogía nacional.

29 de julio de 1910

CAPÍTULO XV

¿Cuál es el valor de la enseñanza universitaria en Bolivia? ¿Cuál es el de la llamada secundaria?

Es igual a nada.

En primer lugar la gente que profesa en todas las universidades bolivianas es notoriamente impreparada. Alguna vez, muy rara, se encuentra en una cátedra un abogado, un médico o un farmacéutico con cierta reputación profesional; pero, aun en estos casos, se sabe que el mejor profesional está lejos de ser ni mediocre profesor.

Dos casos de esta experiencia personal. El que esto escribe ha visto un abogado pretendiendo *cualquiera* cátedra de derecho, la vigésima o la centésima, para no precisar demasiado, y obtenerla al fin; y ante el asombro de semejante procedimiento, sentar el principio: *enseñando se aprende* y adelante.

Segundo caso. Un profesor de Historia de la Filosofía del Derecho y autor de una obra sobre la materia, que llegado al capítulo de Platón (¿creéis siquiera que fue a buscar una mala traducción del filósofo? No; un extracto publicado por Alean fue suficiente para ejecutar al filósofo. Y estos hechos, que no solamente denuncian la ínfima condición de nuestras universidades, denuncian también el ínfimo grado de nuestra moralidad pedagógica; porque es un fraude recibir un estipendio para enseñar lo que no se sabe, y no contentos de ello pretender todavía con estas condiciones orientar la pedagogía y la educación nacionales.

Y ahora juzgad de la protesta de los imbéciles ante nuestra idea de pedir, en nombre de la patria y en la medida de lo posible, profesores extranjeros. ¡Cómo no, si hay el sueldo por medio, o hay la necesidad de cubrir una responsabilidad ante la nación, que hoy no queremos precisar demasiado, pero que precisaremos llegado el caso!

En este punto, permítasenos exprimir un deseo. Querríamos que nuestros contradictores en esta materia que discutimos y estudiamos, estén en las mismas condiciones de independencia y libertad de juicio que nosotros. Estamos denunciando nuestros vicios de organización pedagógica y otros. ¿Qué se puede esperar, como opinión, de los que directa o indirectamente están beneficiando de estas condiciones irregulares y deplorables de la pedagogía nacional? Necesitamos poner de lado todo interés personal, y es preciso no

hacer depender juicios trascendentales sobre cuestiones tan vitales, de un salario o de una reputación más o menos justamente ganados.
Continuemos.
Al frente de la impreparación de los profesores, está la impreparación de los alumnos. Se llega a las facultades superiores sin más bagaje que un bachillerato cuyo detalle es verdaderamente asombroso por su indigencia. ¿Cuál de las asignaturas de secundaria de las muchas que hay, se enseña, no pretendemos ya bien, ni siquiera mediocremente en cualquiera de nuestros colegios regidos por nacionales? ¿Hay siquiera una especialidad determinada que salve el honor del nombre de la enseñanza nacional? Se han dado casos en que en medio de cierta inferioridad general de la enseñanza de un país, quedaba sin embargo una rama de estudios, cualquiera que fuese, que se hacía concienzuda y honestamente. Tal sucedió en Italia hasta hace años, respecto de la preparación en letras clásicas. En Bolivia, no hay excepción feliz: liceos y universidades son peores que si no existiesen.
En Bolivia hay veinte veces más universidades que en Francia y Alemania juntas, proporcionalmente a la población y a todo género de necesidades pedagógicas. Este es otro de los sarcasmos de nuestro estado. No tenemos la necesidad de insistir sobre ello, pues parece que una sana reacción se deja sentir generalmente contra este absurdo estado. Se habla de concentraciones, etc.
Pero sobre lo que insistiremos seguramente es sobre la interpretación de algunos de nuestros males. Todas estas ridículas universidades y liceos de que estamos plagados en Bolivia, no son otra cosa que traslaciones y trasplantes de similares europeos a nuestro país. Atiéndase: son métodos, organizaciones y planes europeos aplicados por bolivianos, desde hace decenas de años. Y ahora viene la pregunta: ¿Qué es lo que pretenden nuestros pedantes de hoy? Pues hacer lo mismo que los pedantes de ayer: plagiar y trasplantar las novedades europeas de hoy, y aplicarlas e interpretarlas, como siempre, por manos bolivianas. La experiencia está hecha ya; y sabemos lo que, en estas condiciones, las semillas europeas son capaces de dar en terreno boliviano. Pero esto no lo entiende el bovarismo pedagógico..
30 de julio de 1910

CAPÍTULO XVI

No es difícil hacer el proceso de universidades y liceos en Bolivia. Que en ellos se enseña todo y no se aprende nada, es cosa innegable e irremediable por el momento. El mal parece agravarse en línea ascendente hacia la instrucción facultativa en que llega a su máximo de evidencia. Todavía los liceos tienen una apariencia de tales, y el contraste de la enseñanza y el no aprovechamiento es menos sensible que en nuestros institutos superiores. Y es que se dice: seguir bajando en la escala; el mal radical está más abajo aún. Y viene la cuestión de la instrucción primaria.

Seguramente el problema, bajo el punto de vista estrictamente instructivo, se formula así: la destrucción del analfabetismo nacional.

Otros han dicho ya la trascendencia universal de la instrucción primaria en toda suerte de países y naciones, y nosotros solo añadiremos: aún cuando la mayoría de la nación se quedase durante den años solo sabiendo leer, escribir y contar, ya sería tan grande beneficio, que no esperamos alcanzarlo en muchísimos años.

Pero hemos pretendido que la ciencia, que toda ciencia se compra, que por consiguiente, si en vez de gastar quinientos mil pesos el Estado gastase cinco millones anuales en solo la instrucción primaria, veríamos intensificarse y progresar a ésta en la misma proporción. Diez veces más escuelas, diez veces más maestros, y al fin de cuentas, diez veces menos analfabetismo.

¿Está, pues, resuelto el problema? ¿El oro?

¡No! La instrucción primaria como se la concibe universalmente en Bolivia no es bastante a nuestro juicio para formar la nación que desearíamos. La experiencia está allí. Tenemos una parte considerable de la nación que ha vencido el analfabetismo. ¿Sabéis cuál es? Es el cholo, el mestizo elector de nuestros comicios populares. Ese sabe leer, escribir y contar. Señores educadores y gobernantes: ¿estáis satisfechos de él? Ese, a más de vencidas las primeras letras, cuando tiene dinero llega más arriba, y alcanza a ser abogado de provincia, juez de provincia, cura de aldea. ¿Estáis satisfechos de él? Y sin embargo, es el resultado directo, inmediato y necesario de la instrucción primaria en Bolivia.

Así, los que en Bolivia solo ven como supremo ideal la máxima difusión de las primeras letras, llegarían con el tiempo a este primer resultado: en vez de tener treinta mil electores como hoy, alcanzaríamos a trescientos mil, todos enfermos de la misma inconsciencia política, del mismo espíritu parasitario, de la misma pereza, de la misma inmoralidad de que sufren nuestros treinta mil electores actuales.

Haced por un momento un paralelo entre el cholo letrado de las ciudades y el aymará analfabeto de los campos. Comparad bajo el punto de vista del orden y de la economía sociales las calidades de cada uno. El cholo *a priori* y en absoluto cuesta más al Estado y a la comunidad. El cholo beneficia de todos los servicios públicos, desde el hecho simple de vivir en las ciudades. Ante el fisco, ante las comunas, ante todo género de institutos privados de cultura o de beneficencia, el cholo guarda su puesto y aprovecha en su medida. Preguntaos ahora, ¿es que el cholo contribuye con su esfuerzo individual en la misma medida a la conservación del estado social en medio del cual vive y del cual se aprovecha? No; su pequeño trabajo manual, en este o en el otro arte aplicado, se lo hace pagar bien y pronto; y ese mismo trabajo es las más de las veces insuficiente o malo. Podemos formular la cuestión: el cholo recibe más de lo que da. Hay, pues, parasitismo en la clase.

Por otra parte, ¿es el cholo un buen elemento de orden y estabilidad sociales? No siempre. Históricamente hablando, el resorte y material inmediato de todas nuestras revoluciones políticas ha sido el cholo. Sus condiciones propias han hecho siempre de él una pasta fácil que se ha amoldado a las locuras y ambiciones de nuestros más viciosos demagogos. Hoy las cosas cambian de aspecto, pero no de fondo. Hoy el cholo es ciudadano y como tal puede llevar su voluntad absurda hasta hacerla pesar sobre la solución de las cuestiones más graves del Estado, por medio de su acción en la formación de los poderes públicos. ¿Ejemplos? Los tenemos demasiado frescos y demasiado crueles. Pasemos.

El cholo en sus condiciones actuales y pasadas, no siempre ha sido ni es un sano elemento de orden y de estabilidad sociales. En resumen: socialmente hablando, es o tiende a ser parasitario; políticamente, ha sido o puede ser un peligro; como factor económico su exponente es bajísimo, y está amenazado de ser aplastado por la competencia extranjera, que toca ya a sus puertas y de la manera más alarmante.

Pero aquí viene la cuestión: el cholo, en su actual condición, es la flor y el fruto de la instrucción primaria. Es la instrucción primaria que ha habilitado a la clase para posesionarse del Estado que acabamos de indicar a grandes líneas. Es la instrucción primaria que lo hace elector, burgués, artesano. Es la instrucción primaria que ventajosamente lo separa de otras clases inferiores y desventajosamente de las que están encima de él. Es la instrucción primaria que le da ciertos derechos y le permite usufructuar de ciertas ventajas públicas. Es la instrucción primaria que contribuye en gran parte a caracterizar y mantener su clase.

Pero, entonces, ¿la instrucción primaria es mala? ¿Hay que destruirla? No; ese sería el exceso contrario; pero antes de continuar, estudiemos el paralelo.
31 de julio de 1910

CAPÍTULO XVII

¿Qué hace el indio por el Estado?
Todo.
¿Qué hace el Estado por el indio?
¡Nada!
Consideradun poco sus condiciones generales. Comenzad por estudiar lo que el indio significa para el indio. El indio se basta. El indio vive por sí. La existencia individual o colectiva demanda una suma permanente de cálculo de acción: el indio la da de sí para sí. Tiene, aunque en un grado primitivo e ingenuo, todo el esfuerzo combinado que demanda la vida social organizada y constante: el indio es constructor de su casa, labrador de su campo, tejedor de su estofa y cortador de su propio traje; fabrica sus propios utensilios, es mercader, industrial y viajero a la vez; concibe lo que ejecuta, realiza lo que combina, y, en el gran sentido shakesperiano, es todo un hombre. Que el indio apacente o pesque, sirva o gobierne, encontráis siempre la gran cualidad de la raza: la suficiencia de sí mismo, la suficiencia que en medio mismo de su depresión histórica, de su indignidad social, de su pobreza, de su aislamiento, en medio del olvido de los indiferentes, de la hostilidad del blanco, del desprecio de los imbéciles; la propia suficiencia que le hace autodidacto, autónomo y fuerte. Porque es preciso aceptar que en las actuales condiciones de la nación, el indio es el verdadero depositario de la energía nacional; es el indio el único que, en medio de esta chacota universal que llamamos república, toma a lo serio la tarea humana por excelencia: producir incesantemente en cualquier forma, ya sea labor agrícola o minera, ya sea trabajo rústico o servicio manual dentro de la economía urbana. Y esta es la segunda faz de nuestro estudio: lo que el indio significa para los demás, para el Estado, para la sociedad, para todos. Hay que aceptar: el indio es el depositario del noventa por ciento de la energía nacional. Ya se trate de rechazar una posible invasión extranjera; ya se trate de derrocar a Melgarejo o a Alonso; en todas las grandes actitudes nacionales, en todos los momentos en que la república entra en crisis y siente su estabilidad amenazada, el indio se hace factor de primer orden y decide de todo. Queda, pues, establecido que en la paz como en la guerra, la república vive del indio, o muy poco menos. ¡Y es en esta raza que el cretinismo pedagó-

gico, que los imbéciles constituidos en orientadores de la pedagogía nacional, no ven otra cosa que vicios, alcoholismo, egoísmo y el resto!

Se habla de civilizar al indio... y este es otro de los lugares comunes que se repiten por los bovaristas que saben de todo menos de la realidad y de la verdad, y que se repite sin saberse cómo ni por qué.

Pero señores bovaristas, ya seáis pedagogos o legisladores, ¿habéis soñado por un momento lo que significaría civilizar al indio, si tan espléndido ideal fuera realizable de inmediato? ¿Sabéis lo que daría ponerle en estado de aprovecharse directamente de todos los medios de vida de la civilización europea, de todo género de conocimientos e instrumentos? Eso sería vuestra ruina irremediable e incontenible. ¡Eso sería habilitar al verdadero poseedor de la fuerza y de la energía, a sacudirse de todo parasitismo, a sacudirse de vosotros, como la grey refortalecida y ruborizada se sacude de la piojería epidémica! ¡Adiós todo bovarismo pedagógico! ¡Adiós parasitismo gubernativo y legislativo! Sería el despertar de la raza y la reposición de las cosas. Porque es preciso saber que Bolivia no está enferma de otra cosa que de ilogismo y de absurdo, de conceder la fuerza y la superioridad a quien no las posee, y de denegar los eternos derechos de la fuerza a sus legítimos representantes. Nos hemos instituido en profesores de energía nacional, y la primera condición para serlo es decir la verdad pese a quien pese y duela a quien duela. Y una de las formas y de las causas de la inferioridad boliviana es que vivimos de mentira y de irrealidad. El trabajo, la justicia, la gloria, todo miente, todo se miente en Bolivia; todos mienten, menos aquel que no habla, aquel que obra y calla: el indio.

Pero si se pudiese aplicar un ergógrafo social y político a nuestro Estado —obra que haremos con más tiempo y mayor espacio, obra infinitamente científica—, se podría valorar y aquilatar el esfuerzo nacional y solidario de cada una de nuestras clases, y entonces seguramente se vería, poniendo en la balanza, a un lado todo el esfuerzo secular del indio y a otro la labor de todo el parasitismo colonial y republicano, se verían las magníficas cifras del uno y el cociente sarcástico del otro.

Y esto es verdad; y de esto no se habla jamás, ni se tiene en cuenta cuando se evalúa las fuerzas de la nación, el carácter nacional. ¡Cómo ha de ser, si este solo consta de vicios y para curarlos bastan fórmulas, plegarias y métodos bováricos!

Y con estas consideraciones suponemos que se comienza a ver que es posible, a pesar de todo, operar sobre la vida y no sobre el papel impreso; que es un poco más útil y más fecundo cerrar los libros y abrir los ojos; que es posible servirse del propio espíritu observador y preferirlo al ajeno; que tratándose del juicio, nada vale lo que el propio, cuando éste brota de un verdadero trabajo sobre las cosas y la vida, y que tratándose de pedagogía nacional, los bovaristas deberían contentarse con lo lucrado ya personalmente, y no pretender orientar el porvenir nacional.

Continuemos.

2 de agosto de 1910

CAPÍTULO XVIII

Entretanto, el Estado existe para el indio solo en las formas más odiosas y más duras. Son impuestos legales que no se acuerdan con la dignidad personal; es la exigencia de servicios especiales y generales, sin tasa y sin orden; es la imposición de precios inequitativos, cuando el Estado merca con el indio; es el confinamiento absoluto de la raza a cierto género de trabajos que se consideran inferiores, aunque no lo sean, pero que devienen tales, por la fuerza de la opinión; es su exclusión de toda participación en las funciones de la cosa pública, exclusión justificada aparentemente por la notoria impreparación en que se mantiene al indio; es, por fin (y esto es lo más grave y es el mal central), la atmósfera ingrata de odio real y de ficto desprecio en que el colono español y el blanco republicano han envuelto y envuelven a la raza. Y aquí se presenta un punto de altísima fisiología y psicología raciales.

Hay dos fuerzas que la historia ha puesto en América una en frente de otra: el blanco puro y el indio puro. Han chocado las dos sangres, y entonces se ha visto el fenómeno más extraño que registra la historia de las razas. La superioridad del blanco se hizo patente enseguida; pero era una superioridad entendida y convencional. Lo que sobre todo habilitaba al blanco era una herencia secular de cálculo y de experiencia humana. El indio sabía más por viejo que por sabio, y prevalía más por astuto que por fuerte. En tanto el indio poseía, como posee, la fuerza primitiva, material, y estofa de toda cultura posible; y entonces como ahora la ecuación se concreta: el indio, por su parte, poseyendo y conservando la fuerza real y fundial de la historia; el blanco, de su lado, armado y sirviéndose de expedientes históricos y tradicionales que le dan una inmediata superioridad y que lo convierten de invasor en conquistador.

Pero en este punto se manifiesta la crisis. Una raza no puede vivir indefinidamente de medios y de expedientes; se vive de real energía. Y en la lucha por la vida, cuando la propia no basta, la ajena acaba siempre por prevalecer. Este es nuestro caso. El hecho es que, históricamente hablando, el blanco no se basta en nuestro continente. De raza a raza la lucha es demasiado desigual. La energía no está de su lado; la verdadera fuerza creadora de vida no está con él, y entonces la historia le ofrece un dilema sin salida: para continuar evoluyendo étnicamente y para continuar guardando algo de su primitiva hegemonía racial —en América— le es fuerza renunciar a su personalidad de raza y aceptar en sus venas la energía extraña, ausente de ellas. Para el blanco, cruzarse o perecer: tal es el dilema. Estas son las revanchas —subterráneas, diríase— de la historia.

El blanco, inconscientemente desde Pizarro y Balboa hasta nuestros días, se da cuenta de estas condiciones fatales de la vida. Se da cuenta de su momentánea superioridad y de su irremediable declinación futura. A la segunda generación no siente más en su sangre la grande energía creadora, y al revés siente que ella está intacta en el autóctono oprimido y deprimido. Atiéndase a que hablamos del blanco que pretende establecerse y se establece en el nuevo mundo, y pretende evoluir como raza y predominar como tal.

Ahora bien; es de este contraste histórico, de esta lucha de sangres que ha nacido el actual estado de cosas en América. ¿Cómo explicar el odio real y el desprecio aparente del blanco por el indio? Es el rencor previo de quien se sabe condenado a claudicar y plegar un día ante el vencido de ayer; y es este sentimiento malsano que se ha traducido en inhumanas leyes coloniales y, lo que es peor, en absurdas costumbres privadas y públicas; y es él que ha creado, tratándose concretamente de Bolivia, este incomprensible estado, de una nación que vive de algo y de alguien y que a la vez pone un empeño sensible en destruir y aniquilar ese algo y ese alguien. Diríase el rencor suicida.

Esta es la significación de nuestro actual estado y de la presencia de razas autóctonas en nuestras actuales nacionalidades. Por lo demás, estamos tocando los resortes más recónditos de la *Filosofía de la historia* y quizás éste no es su lugar, dada la manera sumaria y rápida con que forzosamente debemos tratar estas cuestiones. Además, debíamos indicar siquiera someramente una base sólida sobre que reposen nuestras disquisiciones en materia de educación nacional, e indicar también los elementos que sirvan a una de las grandes orientaciones de la ciencia futura: la formación de la conciencia nacional. Esto hacemos hoy.

Entretanto, y volviendo al punto de partida —la significación de la instrucción primaria en Bolivia—, ¿cuáles son sus relaciones actuales y futuras con el indio, que aparece ahora, según nuestras disquisiciones, como un inmenso factor de progreso y de vida bolivianos?

Nuestros pedagogos, creyendo haber alcanzado un progreso inmenso en el campo pedagógico sobre las ideas de hace cincuenta años, pretenden que la panacea universal que cure todos nuestros males es la difusión máxima de la instrucción primaria. Hemos llegado al punto de examinar esta idea, y teniendo siempre en cuenta lo que hemos profesado en nuestros editoriales anteriores, procuremos estudiarla honesta y atentamente.

3 de agosto de 1910

CAPÍTULO XIX

He aquí que en la actualidad de cosas que el Estado debe al indio y que el Estado rehúsa al indio está la instrucción primaria.

Seguramente el Estado deniega al indio otros derechos más importantes y primos, si no *de jure*, *de facto*; y se puede afirmar que el más elemental *habeas corpus* y *habeas domum* no existe para el indio, a pesar de todas las constituciones y de todas las doctrinas. ¿Qué extraño que la instrucción primaria fiscal no exista absolutamente?

Fue el presidente Montes quien comprendió el primero la necesidad de crear la instrucción primaria del indio (escuelas rurales) y a la vez de comenzar a hacer positivas las garantías constitucionales respecto del mismo (Circular de 22 de diciembre de 1908 y otras). Era preciso poner una valla a todos los excesos del militarismo y del civilismo habituados secularmente a desconocer toda personalidad jurídica y moral en el indio. ¿Cuáles son los progresos que estas iniciativas del gran quinquenio han hecho hasta hoy...? Un concilio de obispos en el siglo XV puso en duda y en discusión la humanidad de los indios americanos; nosotros hacemos mejor: la hemos consagrado en nuestros códigos, y la hemos cancelado de hecho en nuestras costumbres. Evidentemente es más expeditivo...

Pero volvamos a la instrucción primaria.

¿Se mide la extensión y comprensión de la instrucción primaria del indio? No; todos creen que la cuestión es única, y que ella consiste en instalar escuelas rurales o cantonales gerentadas por maestros más o menos buenos. La cuestión no es una; es un encadenamiento de cuestiones. La instrucción primaria supone antes otra cuestión más trascendente, tal vez porque se refiere a la formación de nuestra nacionalidad misma: la difusión de la lengua española entre los indios, problema de que nadie habla ni encara seriamente. Para aprender a leer y escribir precisa saber antes hablar y comprender la lengua. Pero se dice o se pretende tácitamente que enseñando a leer y escribir se enseña también la lengua española.

Pero entonces, señores orientadores, la cuestión es muy diferente: la cuestión no es solamente de instrucción primaria, sino de enseñanza de lenguas vivas, cosa muy varia y más compleja que la enseñanza de las primeras letras. Ahora bien, ¿creen los que gobiernan la materia que el solo maestro de escuela, cuyo arte se reduce a hacer deletrear y a hacer dibujar palotes, basta para la compleja labor de enseñar una lengua viva?

La cuestión de difundir la lengua española entre los indios no es punto simplemente pedagógico, si se quieren hacer las cosas seriamente. Es por esto que hemos dicho que la instrucción primaria supone un encadenamiento de cuestiones, unas más difíciles que otras, y que no han sido ni propuestas por nuestros teorizantes y pedagogos. ¡Claro! La cuestión solo se había presentado en Bolivia y no en Europa; y como los pedagogos europeos nada dicen de un problema que no han columbrado siguiera, los nuestros tampoco dicen nada de él. Y siguen hablando de alfabetizar al indio, como si todo se redujese a eso.

Ahora bien, la cuestión de alfabetismo indígena supone la de hispanización del indio; y ésta, según nuestro entender y nuestra experiencia, sale, debe salir del marco estrictamente pedagógico, y caer de lleno en el terreno de las costumbres.

La sola manera eficaz de difundir la lengua española entre los indios, es acercarlos de una manera constante y consciente, al elemento, no diremos español, pero que habla y posee normalmente la lengua. Solo este contacto y este constante comercio puede asegurar una gradual y segura difusión de la lengua.

Imaginaos el humilde maestro de escuela en medio de cien niños aymarás en las actuales condiciones del indio. O el maestro profesa en español, y nadie le entiende; o profesa en aymará, en el cual caso no hay enseñanza de primeras letras castellanas. ¿En qué quedamos? En que el maestro de escuela tiene que dejar de ser tal para convertirse antes de toda enseñanza primaria, en Ollendorff o Berlitz, tarea que está muy por encima de la humilde y relativamente fácil de maestro de primeras letras.

Trasmutando las cuestiones de previa en previa queda lo siguiente: La cuestión de instrucción primaria en Bolivia es una social y ética; y es un problema que estudiado a fondo cambia de lugar y de dirección. Según nosotros se trata nada menos que de la reeducación de aquella parte de la nación que tiene en sus manos la dirección de toda cosa pública, ya sea en el orden estatal, ya sea en el sentido social. Se trata de reeducar a todos los que por la ley, por la sangre, por la educación, por las costumbres y a veces por la sola casualidad, están por encima del indio autóctono. Se trata de destruir un prejuicio secular que ha abierto un abismo entre todo lo que es indio y lo que no lo es.

Se trata de modificar una manera de concebir absurda, según nosotros, en aquella parte de la nación que se dice y es en realidad más inteligente y más cultivada. Se trata de destruir la barrera insensata e injustificada que divorcia a la nación de sí misma, que la divide y la subdivide, y al hacerlo destruye la unidad de fuerzas nacionales indispensable para la grande lucha por la vida.

Se trata de crear nuevos criterios sociales y éticos para rehacer una nación que no es tal, y crear una escala de nuevos valores, como diría Nietzsche, más humanos, más razonables, más comprensivos y —digámoslo sin escrúpulo— más sabiamente egoístas, bajo el punto de vista de la nacionalidad.

Y este trabajo, grande si lo hubo, y que significa la reeducación nacional, la refección de la historia y la comprensión y superior y verdadera de las leyes de existencia, no está llamado a hacerse en ese terreno humilde e irresponsable que es el indio, sino en todo lo que no lo es, en aquella parte que en Bolivia se llama dirección, cultura, educación, gobierno, etc.

Y esta es otra de las grandes orientaciones de la educación y pedagogía nacionales; y es en este sentido que, sin haber sido jamás pedagogos profesionales, nos hemos sin embargo instituido en profesores de energía.

4 de agosto de 1910

CAPÍTULO XX

El paralelo es flagrante y altamente sugestivo. A primera vista y para un observador superficial, sería la condenación plenaria de la instrucción primaria en nuestros países.

Nótese que a lo largo de todo nuestro estudio, instrucción primaria es concretamente sinónimo de destrucción del analfabetismo nacional. Su acción es enseñar a leer, escribir y contar. Nadie ignora que la instrucción primaria en Europa como alcance y resultado, es muy superior a nuestras instrucciones primaria y secundaria juntas. Pasemos.

Para el cholo boliviano y en las actuales condiciones estadísticas de la instrucción, hay una secreta virtud que se desprende del hecho simple de leer y escribir. Entre el cholo letrado y el analfabeto, hay una distancia psíquica inmensa. La letradura parece producir en él y de inmediato, una aguda intensificación de la personalidad. Y la razón es que el alfabetismo es el primer grado y el primer resorte de la propia reflexión y de la conciencia intelectual. El cholo que se alfabetiza comprende instintivamente que va poniéndose en estado de servirse de una fuerza dormida en sí mismo cuyo desarrollo importa toda la historia humana. El alfabetismo es la primera piedra de una pirámide cuya cima son los más altos nombres de la humanidad.

En este punto se produce una evolución psíquica que no hesitamos en llamar malsana. La naturaleza primitiva del cholo despertada a los primeros ejercicios de la propia razón y de la propia reflexión, toma enseguida un sesgo jactancioso y adquiere luego un pliegue de presunción. Lo primero que siente es una superioridad (que de hecho existe) sobre la grande masa analfabeta de la nación. Un falso miraje interior le hace dar a la letradura una importancia muy mayor de la que realmente tiene. Establece de hecho una distancia y una diferencia entre sí y el indio, que en verdad no son tantas ni tan grandes, y que si existen tal vez existen desventajosamente para el cholo.

Por otro lado el psicólogo se pregunta ¿qué nuevas aptitudes y capacidades que sirvan la vida ha despertado la letradura en el cholo? ¿Se sirve de la lectura para cultivar su yo interior? ¿Se sirve de la escritura para cultivar sus sentimientos y necesidades de sociabilidad? ¿Hay verdaderamente un provecho positivo para él, para la comunidad? No; la letradura es como un arma puesta por el Estado en manos de un niño avieso. En síntesis, todo lo que se ha conseguido es un elector, es decir un tardígrado, si no un estacionario de escaso valor si se trata de formación de la riqueza privada o pública, de la conservación y mejoramiento de la moral individual o social. La letradura en estas condiciones no sirve más que para votar. Verdad es que en este punto el absurdo viene de la ley que basa los derechos absolutos de la ciudadanía sobre la simple letradura. El cholo se da cuenta enseguida de que es una fuerza pública, puesto que los demagogos se lo prueban periódicamente; y esta condición no hace m: b que empeorar el mal.

Por otra parte, el indio, como no sabe leer ni escribir, no presume nada, no tiene ciudadanía de qué envanecerse, ni posee el signo civilizador que clasifica dignificando. Ve el arma en manos ajenas, y la considera tan lejana de las suyas, que ni siquiera la desea, habiendo como hay entre ella y él, el abismo de la lengua. Su naturaleza está intacta de la influencia de la letradura, que como hemos visto despierta de suyo el primer estadio de la conciencia intelectual. Esta fuerza volitivomental que es la conciencia de la personalidad, duerme en el indio intocada e insospechada por él. La letradura no lo ha hecho aún más fuerte; pero tampoco lo ha hecho aún más vicioso. Conserva sus virtudes ingenuas y limitadas, y lo único que siente es la gradual opresión de las clases superiores que gravita sobre él y sus cosas. El indio vive en un exilio ideal. Trata con todos, pasa por las ciudades, se codea con las leyes que lo lastiman siempre, con los hombres, que lo explotan siempre; pero en el fondo, a pesar de esa comunicación aparente, queda su yo interior eternamente incomunicado. Se ríe hoy de las imposibles excomuniones católicas, por absurdamente crueles; en Bolivia esa excomunión existe para toda una raza.

¿Y la instrucción primaria?

Cuando el indio la adquiere, es el primer paso que da hacia la comunidad nacional. Pero aquí viene lo crítico del caso. Por una ley imitativa, el indio letrándose, pierde gran parte de sus virtudes fundiales en cambio de las ventajas personales y sociales que adquiere. Ya hemos visto rápidamente lo que la escuela hace del cholo, y de qué manera modifica su naturaleza interior. El indio que ha pasado por la escuela, ha sufrido la misma disciplina.

La primera manifestación es la pérdida de las virtudes características de la raza: la sobriedad, la paciencia, el trabajo. (Nota: tenemos que consagrar capítulo especial sobre alcoholismo indígena, para responder a todos los difamadores de la raza.) El indio ve cuánto aventaja la letradura, y por contagio natural, ley de imitación —y sobre todo en razón de la ínfima y paupérrima condición de donde sale—, luego acepta el nuevo régimen; y luego se hace del ser infinitamente grave y respetable que era a los ojos del sabio, el jimio vicioso, ambicioso e insustancial que es el elector boliviano en su gran mayoría.

¿Queréis que os diga, señores bolivianos, una asombrosa verdad insospechada e infinitamente fecunda en consecuencias para nuestra educación nacional? El indio se desmoraliza y se corrompe al aproximarse a vosotros, a vuestra civilización, a vuestras costumbres, a vuestros prejuicios; y de honesto labrador o minero, pretende ser ya empleado público, es decir, parásito nacional. Y su nuevo ideal es ser ministro, coronel u obispo; y como no todos pueden serlo, nace allí el hormiguero de sentimientos envenenados, la envidia insomne y la ambición insatisfecha.

Pero entonces, ¿qué es lo que se debe enseñar?

5 de agosto de 1910

CAPÍTULO XXI

Y antes de precisar definitivamente la gran cuestión, debemos rectificar la absurda incomprensión que ha acogido nuestras ideas, de parte del bovarismo pedagógico, que ha hecho de la educación nacional su hacienda y su usura.

Nuestra labor es doble. Lo hemos dicho ya: tenemos que destruir antes de edificar. Tenemos que expulsar de la inteligencia y de la acción bolivianas toda ciencia falsa e interesada, todo parasitismo astuto e infecundo.

Hemos pedido, como pedimos y deseamos, la introducción de profesores extranjeros, para toda asignatura y para toda instrucción, y en la medida de las actuales fuerzas posibles del Estado.

Los pedantes han introducido esta idea como nuestra suprema y última orientación pedagógica.

Como respuesta a esta ridícula interpretación hemos preferido obrar y mostrar lo que creíamos y creemos oriente y dirección.

Pero hoy necesitamos explicar nuestra idea de profesores extranjeros. Vamos rápidamente.

El Estado paga una suma determinada, y creemos que considerable, a profesores nacionales, para enseñar todo género de ciencias y doctrinas en las universidades y liceos de la república. ¡Invitamos a quien quiera hacer la experiencia, a asistir enseguida a cualquier punto liceal o universitario de la república, y ver cómo se enseñan las ciencias naturales, las matemáticas, las lenguas vivas y muertas, y todo género de humanidades! ¿Sabéis quiénes enseñan la química o los tres cálculos, la botánica o la trigonometría? ¡Son bachilleres bolivianos, discípulos de bolivianos graduados ayer y profesores hoy, caros aún para pasar por buenos escolares primarios en Suiza o Alemania! ¡Lo cómico es que a veces estos profesores tienen a su cargo tres o cuatro asignaturas, cada una de las cuales demanda en Europa al profesor que la enseña, para una sola de sus subdivisiones, años de preparación y de práctica! ¡De tal manera la ciencia se ha extendido y desenvuelto!

Y uno se pregunta al frente de la conciencia nacional: ¿hay gente capaz de cobrar un estipendio para eso, y, lo que es peor, hay Estado capaz de pagarlo? Pensad ahora en profesores extranjeros...

Nada se diga de la enseñanza universitaria, nada de las grandes disciplinas de la inteligencia. ¿Será lícito saber cuántos profesores de derecho en toda la república han leído el texto integro y original de una sola ley romana? Pero se enseña derecho... ¿Será lícito saber cuántos profesores de filosofía en toda la república han leído un solo filósofo de veras, antiguo o moderno, en sus mismos textos, y han dejado de contentarse con los extractos imbéciles de editores franceses o españoles? Pero se enseña filosofía, filosofía del derecho y de todo...

¿Desearíais revistar un poco nuestras clínicas médicas y sus correspondientes cátedras? Si habéis pasado alguna vez por *La Charité*, por St. Thomas u otro gran hospital, sabéis, sin duda, cómo se profesa y qué es lo que se llama una clínica. Id ahora en Bolivia a escuchar una lección y a ver una mesa operatoria. ¡Visitad la biblioteca del mejor profesor médico y ved cómo y dónde bebe su ciencia!

Y luego atreveos a pensar en profesores extranjeros...

¡Se ha dado en la república el caso de un nuevo instituto científico, regentado y organizado por titulares europeos, y que ha caído en el odio sistemático de un diario logrero, porque no se sabe qué barberos y barchilones, dueños del diario, pretendían las cátedras de ciencias naturales concedidas hoy por el gobierno a profesores debidamente doctorados y titulados en universidades europeas!

Volviendo al caso, hemos pensado que el dinero que anualmente se despilfarra pagando profesores que no lo son, se empleada con mayor resultado pagándolo a profesores de veras, que por poco que conozcan el carácter y el alma nacionales (base de toda pedagogía definitiva); por dispares que sean sus métodos europeos, por ajenos que sean educativa y tradicionalmente a nuestro país, siempre enseñarían un poco más y un poco mejor que todo el bovarismo liceal y universitario que fatiga a la nación en este momento.

¿Razones?

1.º La moralidad pedagógica es diez veces superior a la nuestra en cualquier universidad europea; y el profesor diplomado allá, por escasa que sea su ciencia, la tiene siempre, y la enseña siempre con toda honestidad.

2.º La incapacidad profesoral del boliviano está fuera de toda discusión y de toda duda. ¿Habría alguien que nos contradiga? ¡Pruebas! Las nuestras se reducen a mostrarnos la nación que en ochenta y cinco años de república ha formado y modelado el profesorado exclusivamente boliviano.

3.º ¿Puede el Estado, consciente ya de estas cosas, continuar pagando una ciencia que no existe ni ha existido jamás, y continuar mintiéndose a sí mismo y mintiendo a la nación, pobre ya, paupérrima e ingenua cuanto cabe?

Con todo, los que han creído (ingenuos bovaristas) que toda nuestra orientación pedagógica consiste en traer profesores extranjeros, se engañan demasiado. Sería hacer como ellos. Sería confiar en medios extraños y no en nosotros mismos. Sería buscar expedientes objetivos y exóticos, nunca del todo seguros, y no ir a la fuente eterna: la propia energía, la energía nacional. El profesorado extranjero no significa para nosotros más que: 1.º una manera más inteligente de gastar el dinero; 2.º una manera más honrada, de parte del Estado, de gastarlo, puesto que al fin se gasta siempre.

Otra cosa es que la impreparación de los que gobiernan la materia, provoquen fiascos y desilusiones en este punto. No basta ser ministro y pedir profesores. Hay que saber cómo se pide. En el caso concreto, en esto consiste y no en otra cosa, el arte de gobernar. Y este es otro punto en que de nuevo hemos tropezado con la eterna incomprensión pedantesca.

Mañana nos ocuparemos de él, ya que, fatalmente y de suyo, entraña un concepto trascendental en la materia.

9 de agosto de 1910

CAPÍTULO XXII

Otro punto de incomprensión de parte del bovarismo pedagógico, en las ideas que hemos removido, es la acción del Estado en la instrucción pública.

No hemos querido responder antes de exponer parte de nuestras ideas sobre la materia, en general, como ya hemos hecho. Hoy explicamos nuestras supuestas contradicciones.

Decíamos dentro de una incomprensión que esperamos es definitiva en la materia: *...el resorte de la ciencia nacional está en el esfuerzo privado. Nada esperamos de la ciencia oficial, que en ninguna parte ha existido seriamente, por lo demás. El Estado lo más que puede es «organizar» la iniciativa privada, pero cuando ésta existe ya; y de ninguna manera podrá bastarse para provocar o desarrollar la ciencia, como se basta en su tarea de gobernar...*

Se ha pretendido descubrir una contradicción entre esto y lo que hemos dicho después.

¿Qué significa el Estado tratándose de instrucción pública? ¿Es material científico? ¿Es trabajo, creación científica? ¿Es ciencia concreta en cualquier forma? No, en ningún tiempo, en ningún pais. El Estado no es otra cosa que organización, coordinación, régimen; la voluntad hecha ley, pero nunca hecha ciencia. Este es el error de nuestros bovaristas: cuando el Estado se ocupa de instrucción, se imaginan que se ocupa de ciencia, como si esto fuera seriamente posible o lo hubiese sido nunca. Una vez en Francia el Estado pretendió hacer tener una ciencia oficial (ministerio Cousin, 1840), e instituyó una filosofía que fue la irrisión de Europa. ¡Cómo saber!

¿Qué Estado ha hecho jamás un Kelvin o un Pasteur? El sabio de todos tiempos se ha hecho siempre a si mismo. Todo gran hombre es autodidacto. En cuanto a la ciencia enseñable y aprendible, es siempre igual: es el esfuerzo individual el único que cuenta seriamente. ¿Qué es una educación científica? Es una edificación interior, un trabajo que hace uno mismo sobre sí mismo. Los materiales pueden venir de fuera; pero el trabajo jamás.

Otra explicación en este punto. Hemos deseado profesores extranjeros, y no como un remedio definitivo. Sobre este punto nos hemos explicado una vez por todas ayer. Pero fuera de esto hemos pedido también, y esto ya como un gran paso hacia las soluciones definitivas, una eminencia extranjera, no ya para que enseñe esta ciencia o la otra, sino para que venga a fundar el

estudio del alma nacional, del carácter nacional, base, según nosotros, de toda evolución pedagógica. Para esto no se necesita ser pedagogo especialmente; se necesita ser un gran psicólogo, un gran experimentador, un conocedor de hombres y de cosas, de ciencias más bien universales que concretas, y a cuyo servido se pondrían los gabinetes especiales, antropológicos, estadísticos, pedagógicos, etc. De oírnos hablar del estudio del alma del niño boliviano, cierto pedagogo ha imaginado la fabricación de formularios que se distribuirían a los maestros, para que éstos recojan en aquéllos sus observaciones. Preguntamos: ¿y a quién servirían esos materiales de psicología estadística de los formularios escolares ya llenos? ¿A quién se remitirían? ¿Tal vez al ministerio de instrucción, donde entre pendolistas y ministro se ocuparían de —con esos materiales— fundar la psicología nacional? ¡Qué comedia!
Para esto pedimos la eminencia europea, que, sin profesar nada, acabe un día sin embargo por enseñarnos a enseñar. Así sabremos cómo acciona y reacciona el alma de nuestro niño cochabambino, paceño u otro; sabremos qué género de resortes mueven la inteligencia y la voluntad de éste o aquél; si aquí conviene hacer predominar los juegos físicos o hay más bien necesidad de satisfacer tendencias estéticas y artísticas; o precisa fomentar el desarrollo de una naturaleza altamente moral o claramente científica; sabríamos si en esta región o la otra es una facultad que prevalece o una distinta; si aquí el niño es más inteligente que recatado, y allá más voluntarioso que comprensivo; si hay deficiencias naturales que llenar, y ventajas naturales que explotar, etc., etc.
Echad una mirada alrededor de Bolivia en este momento. ¿Quién sería capaz de hacer este trabajo...? Entre mil pedantes ni un Pestalozzi. Y si no le hay precisa buscarle fuera.
Volviendo al gobierno en esta materia: su primera y última obligación: ¡gobernar! Verdad es que ello significa la tarea por excelencia, y que para ello, si son muchos los llamados, pocos son los escogidos, es decir los gobernantes de veras. Y es en este sentido que la cuestión de gobierno es tan trascendente en materia de instrucción.
¡El mejor cuerpo de profesores y alumnos, bajo una mala cabeza desorganizada y desorganizadora, es la partida perdida! ¡Cuánto más si no hay profesores ni alumnos que valgan gran cosa, y que justamente hay que crearlos, como quien dice, de nada!

Y con estas explicaciones que dan un concepto claro y definido de todo nuestro mundo pedagógico, declaramos que no volveremos más sobre su puestas contradicciones, que, en realidad, no son tales nuestras sino incomprensiones ajenas, voluntarias o involuntarias. Y repetimos aquí lo que dijimos en otra parte, tratándose de nuestra obra: ¿Es buena o mala? No que remos saberlo. Tomar o dejar es el dilema y lo demás... *rosserie*!

10 de agosto de 1910

CAPÍTULO XXIII

Hemos visto ya el valor relativo y en veces negativo de la instrucción primaria. Hemos visto cómo nuestro indio puede existir analfabeto del todo, y mantenerse, sin embargo, como el soporte más sólido de la estabilidad nacional y el factor más líquido de nuestra economía permanente. Hemos visto aun cómo la instrucción primaria puede en casos contribuir indirectamente a menoscabar ciertas calidades de carácter y de valer moral en el indio, y hacerle perder costumbres y concepciones que son garantía de la vida y resorte de bienestar. Paralelamente hemos visto la instrucción primaria contribuyendo indirectamente a mantener en el cholo vicios de carácter social y político, sin habilitarle por otro lado, y de manera concreta, a aprovecharse de las ventajas que comporta una letradura sagaz y oportuna.

¿Qué vale, pues, la instrucción primaria?

Cierto, como la concebimos y enseñamos hoy; como tendremos que enseñarla aún mucho tiempo, vale nada o poco menos.

En este punto es preciso que prevengamos las desilusiones futuras de todos los que dirigen el esfuerzo nacional en el terreno de instrucción.

La instrucción primaria, podemos decir, es un simple medio, un nuevo utensilio de existencia, un nuevo instrumento que se pone en manos del obrero humano. Pero aquí viene el punto crítico y de gran trascendencia en la orientación de nuestra pedagogía. Estamos creyendo en este momento que la solución del problema educativo consiste en poner en manos del mayor número de bolivianos ese instrumento, y estamos dando a la instrucción primaria una importancia excesiva y absoluta, que seguramente no tiene. Siguiendo esta falsa orientación y descuidando ya muy razonablemente toda instrucción superior, llevamos nuestro empeño total a la sola difusión de las primeras letras, máxima e incondicional. De oír a nuestros pedagogos, el nudo del mal reside en el analfabetismo nacional: hay que destruirlo, y todo queda resuelto. Este es un error. Para toda obra, educativa u otra, el instrumento es siempre secundario; lo primario es el obrero. Seguramente hay que preparar el instrumento y procurar ponerlo en manos de quien de él se sirva: seguramente debemos difundir las primeras letras; pero esta no es tarea fundamental de la pedagogía boliviana.

Cabe señalar aquí un espejismo de que han sido víctimas y son algunos de nuestros pedagogos que solo saben de Europa y no de nosotros mismos. En Europa, o en gran parte de ella, la cuestión de instrucción, sobre todo primaria, es una definitiva y última. ¡Las grandes naciones han visto durante muchos años y ven aún que todo está —tratándose del caso— en difundir máximamente la instrucción primaria en sus grandes masas populativas, y basta! Lo demás viene de por sí. Pero es que en esas naciones existe un fondo étnico suficientemente preparado para recibir la semilla y fructificada. Podemos decir extendiendo nuestra comparación: en Europa el obrero está listo ya para recibir en sus manos el instrumento de que se sirva y aproveche después. ¿Y sabéis en qué consiste esa preparación previa del europeo? Es en la existencia previa ya de un estado conciencial, tácito pero cierto, en el individuo como en la nación, una organización de la mente y de la voluntad, que es a la vez herencia y tradición, y que pone al hombre en estado de considerar la instrucción primaria u otra, como un algo secundario, objetivo y útil que se puede y se debe poner al servicio de las grandes facultades humanas. En estas condiciones, la máxima difusión de la instrucción primaria no ha podido menos que dar óptimos resultados en Europa. En Bolivia no. Lo que nuestros pedagogos han visto ser medio y remedio final en Europa, no lo es más en nuestro país. Es insuficiente, es incompleto, y si se insiste exclusivamente en él, puede ser nocivo: ahí está el lado político del cholo.

Estamos tocando la finísima línea demarcadora de los dos grandes problemas: educativo e instructivo. Es en este sentido que hemos dicho muy al principio de nuestra labor, que uno es subyacente de otro, como es subyacente toda cimentación a todo edificio. Este ha sido otro punto de incomprensión de nuestros pedagogos. Pasemos.

Dentro de esta interpretación de lo que significa la instrucción primaria en Europa y entre nosotros, necesitamos precisar ahora la cuestión misma; porque concluyendo sobre este capítulo, que es como el punto central y sensible de toda la pedagogía boliviana, hemos llegado a que:

1.º La instrucción primaria, como la concebimos y enseñamos ahora y la enseñaremos aún por mucho tiempo, no basta para solver el problema educativo en Bolivia.

2.º La instrucción primaria y su máxima difusión en Bolivia, es incontestablemente necesaria, y no están del todo errados los que creen que, en esta materia, la principal atención del gobierno y de la nación debe dirigirse sobre ella.

3.º En la aparente contradicción que nace de esta manera de concebir la instrucción primaria, es preciso concretar una comprensión definitiva que sea verdaderamente oriente y dirección; en una palabra, decir *lo que se debe enseñar.*

11 de agosto de 1910

CAPÍTULO XXIV

Lo que hay que profesar en las escuelas bolivianas es la energía nacional. Es verdad que hemos aceptado que, en principio, cuando ella no existe, la energía no se enseña, ni se aprende, ni se imita ni se improvisa. Pero si por profesión y enseñanza de energía se entiende: 1.º la aceptación de la existencia de esa energía, *a priori*, en la raza, energía latente y dormida; 2.º que la escuela es uno de los mejores medios para despertarla y sacarla a luz, educándola; entonces podemos decir, usando de un tropo comprensivo y justo: profesemos en nuestras escuelas la energía nacional, e instituyamos en doctrina la fuerza de la raza y la plenaria manifestación del carácter nacional. Esto es lo que se debe enseñar.

Hay que enseñar el orgullo personal y señoril, que más tarde se traducirá en orgullo nacional; hay que enseñar el dominio de sí mismo, e instituir el culto de la fuerza en todas sus formas; hay que enseñar el gusto de vencerse, el desprecio de los peligros, el desdén de la muerte, y de todo lucro de vida que sea enervador de la misma; hay que enseñar el amor de la acción en todas sus formas, y combatir la pereza de la raza, secular y tradicional. Este es uno de los lados más vulnerables de nuestra naturaleza. Sufrimos de una ataraxia crónica y endémica, individual y colectiva, física e intelectual, y de la que nacen infinitos males en todo orden. Necesitamos crear el culto de la acción innúmera, incondicional, ilimitada. Es la grande acción organizada la que ha hecho las Romas y las Britanias. Hay que enseñar que es vano esperar cosa alguna de otro que de nosotros mismos, y que somos nuestra propia fuente y debemos ser nuestra propia brújula. Hay que enseñar a reaccionar de la histórica depresión en que vivimos. La raza está deprimida, encobardecida y estupefacta. Nuestras faltas y las ajenas han envenenado nuestra historia. A esto se añade las prédicas imbéciles de los impotentes que vienen a hablarnos de no se sabe qué viejo moralismo enervador y deprimente, de ideal de la humanidad, de compunción, de modestia, de justicia eterna, de altruismo nacional, y otros embelecos, todas idealidades huecas, destructoras de la energía, adormecedoras de la verdad y de la necesidad de la vida. Hay que enseñar que no hay más que una doctrina: la máxima expansión de la vida, como individuo o como nación; hay que enseñar que no hay interés que esté por encima del de la vida; que hay que sacrificar la misma vida en pro de un interés superior y más trascendente de la vida. Es así como el soldado muere voluntariamente por la patria que entraña un interés más vasto y trascendente. Hay que enseñar que sobre el mundo las cosas más graves y más fútiles, todo existe nada más que para servir la causa de la vida, y que las filosofías, las religiones, el arte, la ciencia y todo, son nada más que sus obreros y sus servidores. Hay que enseñar la audacia sabia y la osadía inteligente, que son como una fecunda irreverencia de todo. Las cosas quieren ser dominadas y la naturaleza quiere ser vencida. Allí están nuestros bosques vírgenes y nuestras montañas intactas invitándonos a la gran batalla del hombre y de las cosas, y de las que tantas naciones han salido ya victoriosas. Hay que osar, hay que perseverar, y el atrevimiento es cosa que hay que comenzar a enseñar en las escuelas. Hay que enseñar a decir y a decirse la verdad. El último mal no es el mal mismo, cuando existe: es conocerlo y ocultarlo, es verlo y callarlo. Hay que hacerlo respirar al grande como al pequeño, al fuerte como al débil, al pobre como al rico, y su acción no puede menos que ser depurativa y fecundante. Fijaos bien: es otro mal que viene del encobardecimiento nacional: no se gusta de la verdad; se prefiere bogar en una corriente de mentiras convencionales en la que nadan admirablemente bien todas las medianías interesadas o las inepcias astutas. Lo hemos dicho ya: vivimos de mentira y todo miente en Bolivia.

Ahora bien: de enseñar todo esto no se ha hablado aún en Europa, al menos dentro de un cuadro estrictamente escolar; pero nosotros osamos hablar en Bolivia; y aunque es posible que la grande incomprensión que nos rodea quiera no ver los alcances de una pedagogía así, nosotros pretendemos fundarla suficientemente para hacerla un día viable. Es en este sentido que nos hemos instituido en profesores de energía nacional; es en este sentido que, contrariamente a todos nuestros pedagogos del día, concedemos una mínima importancia al dinero, y preferimos confiar ante todo y sobre todo en las fuerzas vivas de la nación; es en este sentido que, si consideramos el profesorado extranjero como un bien inmediato, no lo consideramos nunca como un bien definitivo y radical; y es en este sentido, trascendental, si jamás lo fuera, que hemos hablado de crear, fundar y orientar la pedagogía nacional, que considerada así, importa nada menos que una refección nacional.

Llegada la obra a este punto, necesitamos aproximarnos más a la cuestión, y ya que hemos visto lo que se debe enseñar, tiempo es de que veamos *cómo se debe enseñar.*

12 de agosto de 1910

CAPÍTULO XXV. CÓMO SE DEBE ENSEÑAR

En este nuevo capítulo en que se deben examinar los procedimientos y maneras de la enseñanza que hemos indicado, siguiendo la grande dirección ya señalada, volvemos a encontrar la cuestión de la raza, como base de estudio, y volvemos a encontrar la necesidad de tomar por punto de partida al niño mismo, que hemos considerado y consideramos el verdadero y primer terreno de estudio y de todo trabajo pedagógico.

Nuestras ideas indicadas a grandes líneas sobre las actuales condiciones sociales y políticas, sobre los principales caracteres psicológicos de nuestros grandes factores populativos, tienen necesidad de precisarse y concretarse, de manera de hacer brotar de su estudio las condiciones precisas y concretas también de la futura pedagogía, y de modo que ésta no sea más que la resultante de la naturaleza íntima de la raza por educar.

Y aquí volvemos a tropezar con la más completa ignorancia de los directores de nuestra pedagogía nacional, y con sus prejuicios y lugares comunes eternamente infecundos y destituidos de toda base experimental. Son varios los errores: sobre los métodos por aplicarse, sobre los procedimientos pedagógicos, todo consiste para ellos en plagiar lo europeo sin mayor consideración. Porque en Europa se hace esto o aquello, no hay más que hacerlo también en Bolivia. ¡Qué plaga libresca y qué infecundidad mental! Si, por ejemplo, en Europa no se hubiese imaginado batallones escolares, ¿lo habrían soñado siquiera nuestros pedagogos?

Es una cosa infinitamente desconsoladora buscar en el fárrago de toda nuestra literatura pedagógica una sola idea verdaderamente fecunda para la enseñanza boliviana, una sola idea nacida de la propia observación sobre el terreno mismo que se ha de cultivar, una sola experiencia que sea verificación de una ley racial, social, política o cualquiera, y que sirva de base y punto de partida para nuevas experiencias, nuevas investigaciones, nuevas inducciones: y no encontrar sino plagio europeo, calco europeo, caricatura europea. De aquí viene que cuando se pide el resultado de las comisiones pedagógicas y otras simulaciones de trabajo, lo primero y único que se nos responde es una petición de dinero. Dinero para realizar todas las fantasías pedagógicas que hemos encontrado en libros europeos; dinero para comprar todo el aparato pedagógico europeo que entregaremos naturalmente a manos bolivianas, las cuales sabemos ya lo que pueden y saben hacer; dinero para pagar a los pedagogos de ayer, que por el solo hecho de cambiar la fachada literaria de la pedagogía nacional, por el solo hecho de introducir en los reglamentos y leyes de la materia las fórmulas librescas, la tecnología y las novedades pedagógicas europeas, habrán de hacerse más sabios, más metódicos, más observadores y más laboriosos. Es una manera muy llana, sin duda alguna, de resolver toda dificultad, pedir dinero. Es una pedagogía de mendigos viciosos, que en vez de buscar el trabajo fecundo y eficiente, prefiere extender la mano. Y el contribuyente se pregunta: ¿Si yo pidiese a mi vez un poco de trabajo verdadero y no simulado, un poco de esfuerzo real, en cambio de esta eterna demanda de dinero?

Hay que destruir de raíz el prejuicio del dinero; hay que mostrar su valor limitado y relativo. Es el dinero que ha matado a Cartago en la antigüedad y a España en la modernidad. Seguramente el dinero es cosa útil y buena para quien sabe: 1.º producirlo; 2.º servirse de él. Seguramente la pedagogía nacional necesita dinero; pero más necesita de la propia energía, del propio trabajo, del esfuerzo personal y colectivo, de la propia confianza y de la propia suficiencia. Esta es la verdadera riqueza definitiva y eficiente.

Y con esto, entremos un tanto en la cuestión.

13 de agosto de 1910

CAPÍTULO XXVI

Hoy debemos preguntarnos a quién debemos enseñar y cómo debemos enseñar.

La cuestión es de las más importantes, y no ha sido aún propuesta, no diremos ya en Bolivia, pero en ninguna de nuestras naciones sudamericanas. La cuestión atañe a nuestra nacionalidad misma, y es la más personal, la más humana y la más fecunda en consecuencias, tratándose de la educación nacional. Es uno de los estadios de lo que hemos llamado la propia conciencia nacional. Además, la cuestión no es aislada. Despierta y comporta consigo una gran diversidad de problemas a cual más graves y de difícil solución para la ciencia y la historia. Así, una ciencia superficial, escasa de observación, pobre de espíritu inductor, bordeando ciertos puntos de la compleja cuestión, que en el fondo es una, ha llegado a conclusiones prematuras e injustificadas, respecto a la formación y leyes de nuestra nacionalidad, bajo el punto de vista estrictamente étnico. Se han visto vivir contemporáneamente grupos raciales que no constituían unidad, ni la constituyen aún, si solo se atiende a los superficiales caracteres físicos. Se ha visto coexistir al indio, al mestizo y al blanco, y de su aparente variedad física se ha deducido definitivamente la imposibilidad de una unidad racial en el presente ni en el futuro, y, por consiguiente, la imposibilidad de un carácter que podríamos llamar nacional.

Este error viene, como hemos dicho, de una absoluta falta de espíritu observador; de la secuestración de la inteligencia dentro de la esfera libresca y extranjera, tan estéril siempre, si se trata de la creación de una noción nueva en cualquier terreno científico; del descuido y olvido con que se ha pasado siempre aliado del objeto y materiales vivos de toda ciencia, en el caso concreto, al lado de lo que se llama nuestras razas; del vagabundeo a que nuestra inteligencia se ha entregado siempre en otras almas, otras geografías, otras historias, mientras descuidábamos las nuestras, y olvidábamos volvernos a ellas con toda la sed de saber y de descubrir. En verdad se nos dirá: los más grandes pueblos han hecho como nosotros; han comenzado ignorándose, inconscientes del instante que vivían, sin ponderarse a sí propios, sin penetrarse y sin reflejarse en sí mismos; pero después, por natural evolución, han pasado a un estado superior de mayor personalidad, de más clara conciencia, de mejor posesión de sí mismos, lo que diríamos hoy, de más positiva conciencia nacional. El tiempo puede muchas cosas y el hombre sabio se confía a él. Así es la verdad, y así lo hemos dejado comprender en los muy primeros editoriales de este grave estudio. Hemos dicho que no había por qué avergonzarnos de nuestro actual estado, y que nación incipientísima como somos, nuestro primer empeño debe ser conocerlo sin injusta afrenta, para según ello esforzarnos con noble anhelo. Pero desdichadamente no hemos podido prescindir ni prescindiremos de una fecunda cólera; pues tales son las pasiones y los intereses de los hombres, que es sabido de antes ya, que ni la misma ciencia, tal vez ella menos que nada, puede desenvolver sus fuerzas y su acción en paz y libertad, sin encontrar hombres o grupos que se sientan amenazados en el goce de no se sabe qué lucros intelectuales y materiales. Los hay que creen que la ciencia es su exclusivo patrimonio, y se sienten de que alguien se permita opinar de modo vario y libre; los hay más ruines, aunque al combatir el pensamiento nuevo solo piensan en su condición de científicos, de la que usufructúan como de una hacienda, y por salvarla ahogarían cualquier otro esfuerzo, por noble que fuese; los hay aún más necios, quienes por fatuidad contradicen todo cuanto no entienden, para después, si a entender llegan, caer en el contrario exceso, y hacerse fanáticos sectarios del pensamiento antes combatido; los hay, en fin, envidiosos, y son los peores, los más infecundos y los más nocivos, en quienes la sola protervia es principio y razón de todo empeño. Por esto la voluntaria cólera que ha colaborado en nuestras públicas meditaciones. Y en este sentido, ella es fecunda, útil y fuerte, y puede considerársela, aunque inferior, como un complementario elemento de las grandes construcciones ideales. Es la *juvenalica indignatio*. No basta decir la verdad, hay que defenderla; y cuando son la indiferencia y la ineptitud sus verdaderas enemigas, hay que clavarla a martillazos en las cabezas rebeldes. Y otro vicio nuestro que hay que señalar a tiempo es la festinación y la impaciencia en todo y para todo. También en este trabajo hemos sufrido de él. Se ha imaginado que estos graves pensares podían desenvolverse en dos o cuatro editoriales, y que podían tratarse como se han tratado siempre las más graves cuestiones en Bolivia, de paso, superficialmente, y haciendo chacota denigrante o elegante de las cosas y de los hombres. De aquí las interpretaciones absurdas y las conclusiones prematuras y ridículas. Idos con calma y sosiego; las mejores cosas tienen por padre al tiempo y por madre a la sabiduría. La impaciencia lo pierde todo; y fijaos cómo la ceguera y la precipitación han enloquecido y maculado toda nuestra historia de bolivianos.

Preguntémonos ahora quiénes aprenden y en qué condiciones aprenden; si es preciso conservar esta dirección con éstos, o adoptar otra con aquéllos; en fin, si los que enseñan deben quedarse como están o precisan de nuevos elementos, y en este caso, cuáles y cuántos.

17 de agosto de 1910

CAPÍTULO XXVII

En el presente pedagógico de Bolivia, el niño mestizo es el primero cuyo estudio se nos ofrece, no solo porque numéricamente es en el momento el principal factor de nuestras escuelas, sino que por ese hecho mismo, se supone que es el que más experiencias y datos ha suministrado en el cerrado terreno de la escuela.

Hay, además, otras consideraciones que ponen al niño mestizo en primera línea en el campo de nuestras investigaciones, y son las de raza. Sin establecer una seclusión étnica —el mestizo—, como pretenden algunos, y atribuirle caracteres del todo propios e infusibles con los de otros de nuestros elementos populativos, aceptamos, sin embargo, que el mestizo es una de las formas especiales de nuestra nacionalidad, y que tal vez, bajo el punto de vista de la raza, es una forma destinada un día a realizar una síntesis biológica de nuestra nacionalidad, dados los fenómenos permanentes de cruce y mezcla, que con caracteres de ley histórica han venido isocrónicamente repitiéndose a lo largo de nuestra historia colonial y republicana. El mestizo no es un azar; es una fatalidad. Al revés de la América sajona, la ley étnica de la nuestra parece ser el cruce, y nuestra historia tiene necesariamente que contar con él.

Ya hemos indicado antes que, según nosotros, para el blanco el cruce en nuestra América es una condición de vida y de permanencia. Es posible que una ley semejante se pueda también encontrar respecto a nuestras razas autóctonas. La situación biológica del indio es de las más extrañas en América. Por su gran vitalidad, por la incontestable superioridad energética latente e innegable de su sangre, parece el indio destinado a perdurar como raza y a mantenerse en la historia. Pero por lo que sucede desde hace 400 años, desde la venida del blanco; por el extraño e incontenible desequilibrio que se ha acusado siempre en desfavor del indio, formando así el más inexplicable contraste histórico, parece que el indio está, como el blanco, por otras razones en parte conocidas, en parte desconocidas, condenado a un cruce paulatino y fatal, que le permita permanecer como raza y no desaparecer del todo.

En tales condiciones, habría un movimiento y una dirección de mestizaje que se cumpliría irremediablemente en América, y que a ser verdaderos importarían la verificación de una ley histórica, verificación fecundísima en consecuencias de todo género; porque cuando una nación ha llegado a interpretar su verdadera regla histórica, sucede que el esfuerzo unánime de la nación se dirige ya conscientemente al cumplimiento de la fatalidad histórica que es su destino y es el más sólido cimiento de la conciencia nacional. Tal es la importancia de la cuestión que por primera vez estamos indicando en América. Entonces el mestizaje sería la etapa buscada y deseada a todo trance, en la evolución nacional, la última condición histórica de toda política, de toda enseñanza, de toda supremacía; la visión clara de la nación futura; el encarrilamiento, de parte de los directores, de toda acción y todo movimiento nacional hacia la etapa y el objeto descubiertos.

¿Es todo esto verdad?

Nos inclinamos a creerlo muy seriamente; y en medio de las dudas y probabilidades que la cuestión ofrece de suyo, necesitamos examinar más de cerca al mestizo mismo, y procurar sorprender los dos o tres grandes caracteres de su sangre mezclada, que ya es desde luego un verdadero enigma histórico, y en cuyo estudio desdichadamente tenemos que ir sin el auxilio de las ciencias antropológicas de gabinete y laboratorio, que sí es cierto, por lo demás, que tienen una importancia relativa de hecho y de detalle, no la tienen nunca absoluta y definitiva, al frente de una intuición sagaz y penetrante.

Ya se ve cuánto la tentativa de un estudio así debe importar para la fundación de una pedagogía nacional. ¿Cómo se puede saber lo que se debe enseñar al mestizo, y la manera cómo, si no se trata antes de ver qué es lo que le falta y qué lo que le sobra en el conjunto de sus capacidades físicas, morales y mentales?

No hemos encontrado aún el lugar justo para indicar, como lo tenemos prometido, las dos grandes direcciones de lo que llamamos el carácter nacional. Tampoco hemos podido explicar aún la manera cómo éste existe, a pesar de la aparente diversidad infusible de razas, que, en verdad, a primera vista, haría comprender la imposibilidad de la existencia de un carácter y un alma nacionales; pero ya hemos dicho que éste es un simple espejismo, y ya iremos viendo cómo.

Mientras tanto, queda señalado como el punto central del estudio pedagógico en Bolivia, por lo menos en el instante actual, el niño mestizo, sin que por ello, tratándose de letradura, el niño autóctono deje de pesar en la balanza de las ponderaciones de manera considerabilísima.

18 de agosto de 1910

CAPÍTULO XXVIII

Dos cosas características se presentan en el mestizo: la persistencia de rasgos físicos de origen autóctono; la aparición de formas y caracteres intelectuales de origen y naturaleza europeos.

Lo primero que el mestizo revela como heredero de sus padres blancos es la inteligencia. Estudiemos primero este punto, que consideramos relativamente secundario, dejando lo que creemos principal, para el capítulo en que estudiemos los factores fundamentales de lo que suponemos el carácter nacional. Cuando hablamos de la inteligencia europea, son sus formas y moldes mismos que volvemos a encontrar en el mestizo. No se trata simplemente de la importación más o menos artificial de nociones y conceptos extranjeros dentro de una mente indígena y distinta. El mestizo, aún antes de ponerse en directo contacto, sea por los libros, sea por el trato de hombres, con las ideas europeas, ya lleva en sí una inteligencia nacional, cuya estofa prima no se diferencia de manera sustancial de la europea. El mestizo americano, aunque no haya salido de América ni haya cultivado su inteligencia, apenas comienza a concebir, tuerto o derecho, común u original, lo que concibe tiene siempre un módulo y un sello europeos. Esta es una de las razones (hay otras) de la característica imitatividad del pensamiento americano respecto del europeo. El vasto elemento mestizo americano constituye como una lejana colonia intelectual del pensamiento europeo, sobre todo respecto de naciones como Francia y otras, que nos son más accesibles por razones de lengua u otras. Hay que haber visto lo que es el pensamiento provinciano, por ejemplo, en Francia, ver la gran similitud de naturaleza y de formas que guarda con el nuestro. Coged un diario de villorio francés, un tomo de versos o un tratadillo escrito y editado en una de aquellas recónditas provincias, y os quedáis asombrados de reconoceros en La Paz o Santiago, en Lima o Tucumán. En este sentido somos como transatlánticos provincianos europeos.

Podemos, pues, decir que el pensamiento mestizo que es el único que existe con alguna seriedad en América, es del todo europeo; infantil, incipiente, desordenado, pero del todo europeo. Y decimos que es el único que existe, porque el indio por sus íntimas condiciones sociales, económicas, educativas, etc., no piensa, y porque el blanco puro, nacido y crecido en América, aceptamos que por desconocidas de la ciencia, alcanza una rápida degeneración que parece anularlo para todo esfuerzo mental u otro. Es el más desfavorecido, como lo hemos indicado en otros editoriales.

¿Cómo se manifiesta esta herencia europea en el mestizo americano? En primer lugar, ¿guarda sus condiciones generales de amplitud, de maleabilidad, de facilidad, de accesibilidad y de espontánea vivacidad, que han hecho a la inteligencia europea, en general, tan superior en el mundo? En segundo lugar, ¿guarda sus características disciplinarias, volitivas, energéticas, ordenadoras, que han sido el resorte primo de lo que hoy se llama la cultura y la civilización europeas? En una palabra, ¿conserva en el mestizo heredero la inteligencia heredada también su primitivo carácter?

Seguramente en la inteligencia mestiza se encuentran las más brillantes calidades y las más varias. Fijaos bien: la facilidad comprensiva, la espontaneidad, la vivacidad, el sentido de las formas, la misma fecundidad, que no siempre se manifiesta, por falta de cultura; son todas calidades que indiscutiblemente existen en la inteligencia mestiza. Aceptamos que el mestizo puede comprenderlo todo, tan bien como el celta o el eslavo; es cuestión experimental y de hecho, y desde nuestras escuelas hasta nuestros parlamentos públicos, pasando por nuestros talleres de artes y oficios y nuestros cuarteles, tenemos cien terrenos de estudio y de comprobación. Además tenemos la observación de varios viajeros eminentes, que en este punto concuerda con nuestra teoría. *A priori* y en general, el mestizo americano es inteligente, e inteligente de una manera europea.

Pero aquí viene el segundo punto. La inteligencia europea no solo es inteligencia; es también voluntad característica: ¿la ha heredado también el mestizo? ¿Su inteligencia posee también, junto a las demás calidades, la misma atención, el mismo espíritu de continuidad, el mismo régimen que son como la afirmación y comprobación de la inteligencia del blanco? En una palabra, la indiscutible inteligencia mestiza, ¿tiene carácter?

Podemos decir, siempre dentro de un terreno estrictamente experimental y sin necesidad de una prueba erudita, que no.

El mestizo nace poseyendo una inteligencia como prestada e inútil; posee una especie de espejo brillante que puede reflejarlo todo, pero del que no quiere o no sabe servirse. Es un cristal desordenado cuyas luces y fuegos dispersos acaban por anularse y esterilizarse, por falta del lazo coherente y conector que es la voluntad orgánica, régimen y dirección. En estas condiciones, la inteligencia resulta, en América, lo que siempre ha sido y es, un lujo inútil, que si rara vez hace bien, puede frecuentemente hacer mal. Además, la falta de función ordenada atrofia y paraliza el órgano. El instrumento intelectivo, de no usarse y ejercitarse consciente y metódicamente, acaba por parecer nulo o insignificante; y entonces se llega hasta a dudar de su existencia o de sus verdaderas buenas calidades.

19 de agosto de 1910

CAPÍTULO XXIX

De esta falta de carácter en la inteligencia del mestizo vienen todas las formas de despersonalización e imprecisión que enseguida se notan en todas las manifestaciones de su actividad, ya sea teorética, ya práctica. Sus actos no tienen carácter, sus pensamientos no tienen estilo. Sin embargo, obra y piensa. Ya sea el mestizo obrero o artista, escritor o arquitecto, soldado o legislador, sus concepciones y sus obras, sus actos y sus palabras están siempre desnudos de la personalidad característica que da un sentido superior a todas las cosas de la existencia y las hace realmente fecundas y trascendentes. Su inteligencia parece siempre vivir de prestado, y así es, porque realmente no sabe adueñarse de los materiales y elementos que la vida ofrece y hacerlos suyos para su propio servicio y provecho, e imponerles de veras su sello y su voluntad.

Esta indirección crónica y congénita en la región de las ideas, se traduce luego en la historia en un desorden y desorientación permanentes e irremediables. Un ilogismo sustancial reina siempre allí. La historia nunca está en el justo medio: o son las exaltaciones violentas o son las violentas depresiones. Y es sabido que nada fatiga y agota más y más pronto la vida que estas intermitencias extremadas, ya sea en el individuo o en la nación.

El freno y la medida no existen aún en la inteligencia mestiza. Llegamos a esta conclusión, que debe ser y es también una de las grandes orientaciones de la enseñanza nacional, tratándose del niño mestizo.

Ya que hemos penetrado un poco en la naturaleza intelectual del mestizo, y hemos visto sus lados positivos y negativos, podemos entrever ya la pedagogía que le conviene. Precisa refrenar y regimentar en la inteligencia mestiza todas aquellas facultades morbosamente desarrolladas, por diversas causas. Precisando: necesitamos contener el frecuente desborde imaginativo, tan característico en la raza; necesitamos combatir el dilettantismo intelectual, que es el más seguro signo de inatención crónica, y acusa una tendencia centrífuga de nuestras fuerzas interiores; necesitamos enseñar a concentrar el esfuerzo en uno o muy pocos puntos, y especialmente para el mes tizo debe valer el proverbio: *non multa sed multum*. En este lugar creemos absurda la idea practicada hace tantos años de pretender enseñar, dentro de un bachillerato imbécil, todo género de ciencias y doctrinas; y plagiando rancios modelos franceses (su último origen está en el enciclopedismo del siglo XVIII) pretender formar cabezas universales. La idea fundamental de nuestros bachilleratos modernos es disociadora de las fuerzas mentales del individuo, y no puede menos que contribuir a debilitar la acción intelectual, y contribuir también a desarrollar todo género de vicios intelectuales: la superficialidad, la falta de intensidad en las concepciones y, consecuentemente, dar nacimiento a otros vicios morales: la vanidad, la petulancia, la improbidad intelectual, etc., etc.

En este sentido, la clásica enseñanza de humanidades, por ejemplo, salmantina, es muy superior como concepto pedagógico, a nuestras modernas lucubraciones universitarias y liceales. El enciclopedismo instituido en régimen pedagógico es una verdadera desmoralización mental.

La regla debe ser: poco y bien, y no mucho y mal.

Es todavía problema oscuro averiguar las causas de todo orden que han contribuido a formar las actuales condiciones de la inteligencia mestiza, tal como la hemos indicado. Esa destitución característica de la innegable inteligencia del mestizo, que la debilita y la anula, ¿es el resultado de una fatalidad fisiológica, independiente de causas externas, o es más bien el producto de históricas influencias exteriores, ya educativas, ya políticas u otras? Desgraciadamente no es este el lugar para intentar un estudio de psicología retrospectiva, que nos permita contemplar el mestizo de mediados de la colonia al frente y en paralelo del contemporáneo. Digamos de paso que el daño causado en las dos últimas centurias, en los países que han sufrido intensamente de su influencia, por la excesiva difusión de ciertas ideas francesas, es en verdad profundo e incalculable. Nada ha socavado más y sigue socavando la moralidad intelectual de muchos países, en el sentido altamente biológico, como aquella influencia y aquella corriente. Soltamos desconfiados este pensamiento tan contrario al común sentir de todos los americanos, y que probablemente no será comprendido en América antes de muchos años.

Continuemos.

Ya se ve algo de lo que la inteligencia mestiza debe sobre todo esperar de la nueva pedagogía. Es un trabajo de concreción, de limitación de espacialización, de individualización, si cabe decir. Los programas deben eliminar todo lo superfluo, lo no inmediatamente necesario, lo lujoso, bajo el punto de vista cultural. ¿No es una ironía no tener el pan del día seguro, y ocuparse gravemente de Artajerjes o de la cosa en sí? La futura pedagogía no debe mirar mucho a los medios de despertar y azuzar la inteligencia del mestizo. Por sí es lo bastante despierta y lo bastante vivaz. Hay que emplear esos medios donde la inteligencia es tarda y dormida y donde por un exceso de concentración de las facultades mentales, éstas no se abren lo suficiente hacia el mundo exterior, de manera de ser fácilmente fecundizadas y ejercitadas por él. Otras son las deficiencias de la inteligencia mestiza; y una pedagogía sabia a ellas debe dirigirse para colmarlas, tomando por base y elemento de acción las otras condiciones ventajosas que pudiese ofrecer esa misma inteligencia.

20 de agosto de 1910

CAPÍTULO XXX

Es así como quedan delineadas las trazas fundamentales de la instrucción pública del mestizo americano, tal como la entendemos.

Hemos visto que la calidad fundamental del mestizo, en este terreno, es la inteligencia; hemos visto que esta inteligencia no se distingue de manera sustancial, en sus formas y en su naturaleza, de la general inteligencia europea; que es una ley de herencia que ha trasmitido del blanco al mestizo esta inteligencia en esas condiciones, y que también por una ley desconocida de mestizajes étnicos, esa inteligencia se ha trasmitido desnaturalizándose o desvirtuándose en parte, de manera que se la encuentra en el mestizo heredero, si guardando las cualidades aparentes y perspicuas, destituida en cierto modo de aquello que en Europa y en el blanco nativo hace su fuerza castiza y su resorte personal. Hemos visto además que ciertas influencias históricas, posiblemente han contribuido a acentuar modalidades predispuestas y presuntas, y hemos dejado entrever en este punto la posibilidad de modificar también esas influencias por medio de una sabia pedagogía que parta siempre de la naturaleza íntima y de las actuales condiciones de la psiquis mestiza.

Juzgamos que la verificación de estos principios es de altísima trascendencia para la pedagogía del mestizo en general. Dentro de una psicología en general, se sabe cuál es el valor emotivo de las ideas sobre la voluntad. Se sabe de qué manera suscitando imágenes interiores se puede influir directamente sobre el fondo moral del individuo y de la raza, y cómo unas razas más que otras son sensibles a este género de influencias. Un solo ejemplo: el ateniense clásico pasaba fácilmente del crimen al heroísmo y viceversa movido por un resorte de orden puramente lógico. Se puede decir que en Atenas eran las ideas que gobernaban las pasiones públicas. Esto importa la grande accesibilidad intelectual cuando ella existe en la grande masa de la nación. Cuando estudiemos al indio en este mismo punto veremos el paralelo opuesto. Mientras tanto resulta que el pedagogo que ha descubierto en su educando mestizo un resorte suficiente del cual puede servirse para mover todo género de fuerzas interiores, morales como intelectuales, está ya en posesión de una gran conquista, porque esto lo habilita científicamente a llevar su enseñanza por un camino mucho más seguro y firme que ir a tientas. Es por la inteligencia del mestizo que tenemos que llegar hasta su recóndito fondo volitivo. Es una puerta de razonamiento, de persuasión y de convencimiento por donde la pedagogía sabia podrá entrar en el alma del mestizo. ¿Queréis llevar una noción a la inteligencia mestiza?, razonad; ¿queréis modificar una costumbre, una tendencia viciosa o flaca del mestizo?, convencedle; ¿queréis mover los sentimientos y pasiones más profundas con que se realizan y alcanzan los grandes hechos?, persuadid, sobre todo. Este es el camino para el mestizo. Otros son los caminos para los que no son mestizos y que pronto tendremos ocasión de estudiar.

Estas verificaciones iluminan nuestra historia con una nueva luz. Delicadísimo y sensibilísimo como es el resorte intelectual del mestizo, ¡daos cuenta de la gran facilidad con que el mestizo ha estado siempre sujeto a cambios bruscos y radicales a lo largo de toda nuestra historia! Bastaba la menor fluctuación, la más tenue vibración en la atmósfera de las ideas universales, para que la inteligencia del mestizo, sometida a su influencia, sufriese el contragolpe y reaccionase en la misma medida. Ahora mismo es así. Decíamos hace tiempo ya: somos un país de moda por excelencia, y en ninguna parte se cumple tan bien lo que Tácito decía de la Roma imperial: *omne novum pro optimo habetur*; estamos crónicamente enfermos de novelería, y lo nuevo tiene un prestigio invencible sobre toda nuestra vida. Este es un vicio que viene de la excesiva movilidad de nuestro pensamiento, de su gran sensibilidad reactiva. La inteligencia es nuestro punto crítico, y como tal es para nosotros a un mismo tiempo amenaza y promesa. Por ella podemos vencer, por ella podemos perecer. Ella arrastró nuestra historia a los mayores excesos, ella puede restaurarla. Bien se sabe ya que no hay calidades ni leyes absolutas, y el mismo vicio colabora a la construcción de la historia.

Y esperamos, ahora, que comienza a comprenderse lo que entendemos por conciencia nacional y su importancia. Son trabajos reflexivos como el presente los que contribuyen a su formación. Es este movimiento de reflexión sobre nosotros mismos que hemos llamado abrir los ojos sobre la naturaleza viva; y es a este trabajo a que hemos invitado a todos los educadores y gobernantes, para hacer de veras y por los justos caminos una verdadera pedagogía nacional; y es todo esto que hace parte del saber cómo se debe enseñar. Más tarde vendrán los especialistas que precisen estas observaciones, que las clasifiquen, las cataloguen y las ordenen; más tarde también los profesionales

que apliquen las leyes verificadas y los gobernantes que uno tras otro guarden el mismo norte y lleven la misma idea: *quasi cursores...*
Tal es. Mientras tanto, no nos hacemos la ilusión de ver próximamente no ya aplicadas, pero ni discutidas seriamente las ideas expuestas en estas públicas meditaciones. Por lo demás no es el tiempo aún. Necesitamos esperar que se haga un lento trabajo de infiltración de ciertas ideas en ciertos espíritus; necesitamos llamar a colaboración al tiempo, obrero indispensable para los grandes trabajos de carácter nacional. Lentamente una generación y otra irán tomando conciencia de lo realmente útil y de lo realmente superfluo o nocivo; y es entonces, cuando las ideas verdaderamente fecundas y renovadoras se hayan impregnado en un suficiente número de cerebros activos y sanos, que podremos esperar un cambio feliz y duradero.
21 de agosto de 1910

CAPÍTULO XXXI

Henos otra vez en frente del indio, considerado ahora como sujeto educativo, dentro de una pedagogía general y particular.

Lo primero que debe considerarse en este punto, como hemos hecho ya con el mestizo, es la inteligencia. ¿Cuánta y cómo es ésta en el indio?

La inteligencia no es la facultad eminente y dominadora del indio. En vano se buscará en la raza los matices típicos de una inteligencia superior, como se la encuentra en otras estirpes. Ni el ingenio y sutileza helénica, ni la claridad y brillantez gálicas, ni la fecundidad y facundia italianas, ni la profundidad española, ni la solidez británica, nada de ello existe de manera sobresaliente y típica en el pensamiento indio. Téngase en cuenta que no estamos mirando al indio con los ojos del cretinismo miope de todos los tiempos, que no ve ni ha visto en la raza otra cosa que una nativa y definitiva estupidez. Por un fenómeno de inversión frecuente en estos casos, los que así han visto, han confundido su propia estupidez con la ajena, y han creído vacía la cabeza india, porque la suya propia lo estaba.

Tratándose de la inteligencia del indio, tenemos que andar en un camino muy estrecho, y más bien difícil, de inducciones e intuiciones. Cuanto más concentrada e inaparente es aquélla, tanto más difícil es penetrarla y sondearla. Se anda sobre un suelo de finísima psicología intuitiva. El ensueño lírico parece no existir en el indio, y tampoco el sonambulismo metafísico y admirable del alma búdica. Sin embargo su inventiva y sus concepciones dejarían, como dejan, boquiabiertos y estupefactos a los sabios de todos los tiempos y de todas las tierras. Dos solos hechos de diferente orden, uno histórico y otro prehistórico, os darán la medida. La organización política, social y religiosa del imperio incásico, el cual en punto a una ética trascendente y a una final eudemonía humana, deja a las república de Platón y de Roosevelt tan atrás y tan lejos, que la una se queda como un ensueño genial de niño y la otra como un violento y sufrido esfuerzo de hombre. El otro hecho revela una tal potencia arquitectónica, conceptora y constructora, que literalmente desborda y sale de los límites de la inteligencia europea: he nombrado Tiahuanaco. ¡Este es el indio y esto ha podido su inteligencia creadora y organizadora un día; y es en esto, asombro de los viajeros y pensadores más eminentes, que el cretinismo de todo tiempo no ha visto sino una estupidez de acémila! ¡Triples cretinos!

Necesitamos combatir con todas fuerzas y de todas veras esa labor altamente anticientífica y barbarizadora de los difamadores de la raza que en su mal tartamudeo científico y en peor castellano osan poner su opinión de *vulgum pecus* al frente de la de un d'Orbigny o de un Middendorf.

Continuemos.

El indio parece haber dejado siempre de lado todo lo que en la inteligencia humana puede llegar a ser fuente de goce mental o estético. Parece no haber concedido jamás una importancia excepcional y superior a las fuerzas mentales, de las que se ha servido como de cualquier facultad humana, sin predilección ni especialización. Pensar es útil cuando es necesario, y basta. En cuanto a adormirse en la contemplación de imágenes y entregarse al fecundo *far nulla* en que germinan los castillos sistemáticos y los edificios ideales, el indio nunca quiso entender nada. Porque el indio no es ni ha sido probablemente jamás, lo que hoy en ridículo estilo se llama un *intelectual*, y que constituye hoy, digamos de paso, la forma más repugnante de la pereza sudamericana. Siempre dentro de las probabilidades inductivas, buscad entre los indios cualquier cosa, pero nunca hombres de letras a la moderna, poetas de oficio (¡qué antifrase!), pensadores a sueldo, filósofos asalariados y toda esa flora morbosa de intelectualismo que es hoy el signo más irrecusable de la degeneración europea. Lo que se podrá encontrar en el indio, retrospectivamente, son tal vez estrategos, legisladores, ingenieros (las grandes entradas incásicas solo comparables hoy con los grandes trabajos de Suez, del Simplón o del Nilo, y que superarían a los similares romanos), profetas tal vez, edificadores de imperios, rectores de razas, y nada más, o poco más. Buscad en el alma primitiva del indio algo de la simplicidad y grandeza romanas, algo del espíritu sesóstrico; pero nunca el histrionismo del gréculo decadente o el hedonismo del muelle bizantino. Eso no existe en el indio de hoy ni en el de ayer, y es en esto justamente que se diferencia su humanidad de la histórica civilización desarrollada en la taza del Mediterráneo.

Una extraña rigidez y una superior severidad ha debido ser siempre el fondo de la naturaleza interior del indio. Aun en los momentos de mayor prosperidad y grandeza públicas, el indio ha debido conservar siempre, ante los juegos y cambios de la vida, esa actitud de que habla Hamlet: *as one, in suffering all, that suffers nothing*, y del cual encontramos hoy mismo señales evidentísimas en el genio estoico y resignado del indio moderno. Y este también era el irrealizable ideal del Pórtico, entrevisto pero nunca alcanzado por el admirable genio helénico.

Se necesita una grande experiencia en el manejo de las ideas para darse cuenta retrospectivamente de las condiciones de la inteligencia del indio a través de su actual depresión. Los que benévolamente se imaginan que el indio, en los momentos de más alto florecimiento histórico, ha sido jamás lo que en lenguaje patológico-literario se llama hoy un cerebral, se engañan demasiado. Su facultad maestra no hay que buscarla en esa dirección, y por consiguiente una pedagogía sabia iría camino tuerto si se empeñase en semejante camino.

23 de agosto de 1910

CAPÍTULO XXXII

Una comprensión recta y directa, incompleja y sana de toda forma y de todo principio de causalidad, tal es la característica del indio. Lo que podríamos llamar la trascendencia imaginativa de la intelección, no existe en el indio. Lo que alcanza a ver, lo ve llanamente pero lo ve del todo. En vano buscaríamos en él los arabescos ideales en que naturalmente se enreda, en la especulación científica o artística, nuestro pensamiento moderno. Ni la más remota huella de sofismo griego, de *concetti* italiano, de *esprit* francés, de agudezas españolas. Toda eso es como el desarrollo excesivo e hipertrófico de una facultad, no existe en la naturaleza íntegra y fuerte de su pensamiento. (Nota: el que esto escribe se promete tentar un día el estudio psicológico de las grandes lenguas autóctonas de América y su paralelo con las principales ramas de origen indoeuropeo; y acepta también que es en estas venerables reliquias lingüísticas donde se puede encontrar aún restos de la grande antigua alma americana).

La inteligencia india parece haber estado antes en posesión de pocos criterios, fundamentales y eficientes, y sobre que se apoyaba todo su vuelo ideal. Lo que llamamos criticismo, duda filosófica, y que se ha traducido en el moderno tormento del pensamiento encarnado en Faustos y Manfredos, parece no haber significado nunca cosa alguna para el indio. Jamás ha sufrido ni gozado directa y exclusivamente por su pensamiento. Se servía de él como de cualquier otra facultad, y nunca ha visto en él otra cosa que un instrumento útil de cálculo y suputación. El *pathos* moderno no existe en el cerebro del indio. Estos caracteres fundamentales se han conservado hasta hoy a través de la historia trágica y de la miseria presente. Los que han observado de cerca las funciones dianoéticas del indio, saben la gran simplicidad y rectitud, justeza y fuerza de ese pensamiento. No hay blanco americano que conciba con la intensidad y rectitud con que concibe el indio, lo que concibe. Ya raros pero eminentes viajeros lo habían observado. En la cosa inteligida, el indio no ve más que la cosa misma, y no sufre de esa dispersión de fuerzas atentivas que tan frecuentemente se encuentra en nuestra modernidad. Ahora bien, esa unidad de la acción cerebral, que es más hecha de voluntad que de pensamiento, constituye la calidad típica del pensamiento indio. Pueden los psicólogos profesionales sacar ahora la consecuencia de una calidad semejante. Todas las taras y vicios modernos, neurastenia, desviaciones mentales, psicosis, etc., no existen para el indio. Su salud mental es una de las cosas más admirables que hemos visto. El equilibrio es tan perfecto que su función, aunque primitiva y elemental, es muy superior a la del cholo y a la del blanco americanos: de tal manera posee el orden de la manera funcional y no del alcance intelectual.

Una inteligencia en estas condiciones carece del prestigio que sobre todo los greco-latinos están habituados a buscar y atribuirle. Una inteligencia sin pasión y sentimiento, considerada facultad secundaría e instrumento dócil del interés de la vida, y hecha para servirla; una inteligencia que no es fuente de placeres de ningún orden, al menos directa y exclusivamente, y que está en manos del hombre lo mismo que nuestras modernas máquinas aritméticas, para suputar y evaluar las probabilidades de éxito o de ruina de la existencia, y esto fríamente, libremente; una inteligencia que tiende a divorciar higiénicamente las pasiones de las ideas, y lo que en este camino pierde en estetismo lo gana en independencia y fuerza; una inteligencia así, decimos, no es seguramente una realidad contemporánea, por lo menos en nuestro mundo latino europeo; pero podemos decir que se acusa de manera muy sensible, como fondo y como tendencia, en la naturaleza de nuestros principales indios americanos. En un proceso de histórica reconstitución inductiva de los grandes imperios autóctonos, podemos atribuirles una inteligencia así como principio de organización de esos grandes edificios sociales y políticos, ya que, como residuo histórico, hoy encontramos los mismos elementos en el alma del indio contemporáneo.

En este punto debemos señalar la gran diferencia que existe entre las inteligencias del indio y del blanco americano. Esta disimilitud no hace más que distanciar moralmente a ambos, y es la razón principal del injustificado desprecio del blanco por el indio. Nunca aquél pudo encontrar en éste sus desbordes intelectuales, que son su flaco y su predilección; y el indio, por su parte, si admirando ingenuamente la variedad y derroche inútiles de ideas del blanco, jamás pensó ni intentó la asimilación de una facultad semejante, tan contraria a su íntima naturaleza. Sin embargo, como veremos al tratar el carácter nacional, la historia les ha hecho vivir juntos, les ha impuesto rasgos de alma comunes, al cabo de largo tiempo, y por fin se ha llegado al extraño resultado que, dos elementos distintos, incompenetrables e incompenetrados, por un

lado, han llegado sin embargo a ser y sentirse solidarios, comunes y fraternos, obedeciendo a una fatalidad histórica y sin poder escapar a una superior ley biológica. Este es el actual estado étnico de Bolivia y de parte considerable de la América meridional.
24 de agosto de 1910

CAPÍTULO XXXIII

Ahora necesitamos ver el recóndito fondo de moralidad del indio, y que consideramos como la trama admirable y superior de lo que un poco metafóricamente se diría el tejido psicológico de la raza.

Es en este punto que se encuentran las calidades prominentes y características del indio. Aquí entramos a un camino de verificaciones ancho y fácil, pues son hechos que se manifiestan constante e isocrónicamente, y no solo tenemos la testificación histórica, sino también, la comprobación contemporánea. Desde el momento que el indio aparece en la historia, su acción en toda forma, es idéntica a sí misma. Una grande unidad reina en su manera de ser y de obrar. En esa pendiente inclinada y gradualmente depresiva que es la historia de sus relaciones con el blanco, y en la que pierde como anegadas por un diluvio de infortunios, todas sus ventajas y conquistas sobre la naturaleza exterior, penosa y secularmente adquiridas, la sola cosa que sobrenada es el carácter, broncíneo e indeleble, y que de hecho establece su superioridad sobre todos los demás elementos étnicos que le rodean y pretenden ahogarlo. En verdad, es preciso aceptar una prodigiosa vitalidad en el indio, para poder explicar esta tenaz supervivencia contra todo género de influencias históricas a cual más destructoras y mortales. No hay que hablar del régimen conquistador y colonial, del cual el republicano no ha sido más que lógica consecuencia. Ya en otras partes se ha visto la rota y desaparición de la sangre autóctona bajo regímenes semejantes; el indio nuestro no solo sobrevive, sino que después y a pesar de centurias inenarrables, resulta que sigue siendo el fondo más sólido y el elemento más fuerte de las nacionalidades que al presente contribuye a construir. Es la vitalidad asombrosa de su sangre. Y esa supervivencia es una verdadera victoria. De hecho el indio está reconquistando o llamado a reconquistar su puesto usurpado. El mestizo que en nuestra América constituye numérica y cualitativamente el elemento superior y válido de la raza, ese mestizo siente en sus venas la sangre india invencida e invencible, a pesar de todas las apariencias históricas. Lo hemos dicho ya: son las revanchas como subterráneas de la historia. Id a nuestros parlamentos, a nuestras universidades, a nuestros cuarteles, y examinad las pocas cabezas que realmente dan o prometen dar algún positivo y no simulado esfuerzo biótico; examinad su color, sus rasgos fisonómicos: es la sangre india que estalla en la mirada y en la palabra; es la sangre india que es realidad escasa y promesa opima; y es como la resurrección del genio de la raza, encaminándose lenta y seguramente al porvenir. Donde esta verificación se manifiesta más y mejor, es en aquellos terrenos históricos, que no demandan la manifestación de una superioridad intelectual para probar la superioridad positiva de una sangre: me refiero a la guerra. Es cosa axiomática que en Sudamérica no hay más que dos soldados al menos grandes soldados, el boliviano y el paraguayo; y esos dos soldados son indios del todo o casi del todo. Esto es el indio; y el resto... degeneración irremediable y fatalmente condenada a perecer, por lo menos en el sentido de las hegemonías étnicas.

En este movimiento de evolución ascendente que estamos mostrando en el presente estudio, no hay que desconocer jamás el punto inicial y la estofa prima y primordial: esos son el indio puro, el aymará y el quechua aboriginales, y que como hemos visto antes, de hecho son actualmente los grandes depositarios de la energía nacional. Hay que ver estas cosas sobre la realidad y tomar conciencia de ellas; y esto es lo que no han querido o no han podido ver los que tratándose de explicar nuestro problema étnico, van a buscar explicaciones o interpretaciones pueriles, plagiarias o absurdas. Y el mal es todo bovárico; y viene de no observar nunca las cosas mismas, sino los libros que tratan de las cosas, de donde resulta que se hace una ciencia de símbolos extraños, vacíos de sentido y totalmente intrascendentes.

¡Ruido!

Y ahora necesitamos disociar los elementos íntimos que constituyen esa alma que estamos acusando en el indio, y que tiene tal importancia, según nosotros, en la formación de nuestras nacionalidades. Debemos hacer con su fondo moral lo que hemos hecho con su fondo intelectual: mostrar sus características, sus relieves salientes y sus deficiencias. En este punto, como en otros, desgraciadamente no podemos enviar al lector a biblioteca alguna en que consulte iguales o semejantes observaciones que las nuestras, porque en éste como en otros puntos también nada hay en los libros consignado como experiencia y comprobación.

Por lo demás, la ceguera en que respecto de nosotros mismos hemos vivido durante tanto tiempo, es una ceguera española. Es herencia del colono español, el cual jamás ha debido querer ni podido penetrar en el alma india, en la que nunca ha visto sino algo que explotar o aniquilar. Su política ha sido siempre tan uniforme en este sentido, que no hay excepción apreciable.

¿Quién podría hacer en este momento el catálogo de todo lo que al presente queda en América de herencia española, como sentimientos, como ideas, tendencias, aspiraciones y lo demás, y hacer también al frente lo que del alma autóctona sobrevive en la modernidad americana, y contribuye directa o indirectamente a mantener v desarrollar la vida en un sentido bueno o malo, superior o inferior? Eso realmente sería abrir los ojos sobre la vida y sorprenderla palpitante y real.

25 de agosto de 1910

CAPÍTULO XXXIV

¿En qué consiste una moralidad superior?

Toda moralidad es un régimen interior, una sumisión voluntaria a un principio de razón y el acuerdo de actos y pensamientos con él.

En vano pretenderíamos dar una concepción nueva tratándose de moralidad. La última palabra y la más sublime se ha dicho ya hace cinco mil años; el divino evangelismo cristiano es un pálido y lejano reflejo de ella, y Kant y Spinoza son niños balbucientes a su lado. Es el búdico *Tat twan* así del *Upanishad*, presentado por el admirable genio helénico en la doctrina estoica. Pasemos, porque éste no es el lugar de contemplar tan de cerca tan sublimes asuntos. Si por la manifestación de una superior moralidad se entiende ese gesto de gravedad en el hombre, con que se encaran todos los eventos de la existencia, y un sentimiento profundo de justicia, y más que de justicia de equidad, y aún más que de equidad, de amor; si la moralidad consiste en ser su propio amo, y solo salir de sí mismo y de su propio interés, por amor y servicio del prójimo; si una gran moralidad se manifiesta por la acentuación de la personalidad, sin perjuicio y más bien con provecho de los demás; si es, especificando un poco más, la expresión de ciertas virtudes generales, tales como el trabajo, desde que se puede hasta que no se puede más, la mesura y la regla en las costumbres, y que se traduce luego en una ordenada salud corporal; la ausencia de toda maldad radical, la veracidad, la gravedad, la ausencia de todo espíritu de chacota, la mansedumbre, como condición general, la humanidad y la inocuidad; y al lado de esto como cualidades intelectuales, la simplicidad, la rectitud, la exactitud y la medida: si todo esto, decimos, es manifestación de una moralidad superior, nadie más que el indio de que hablamos la posee, y esto, en condiciones muy superiores a todos los elementos populativos que le rodean; porque aceptamos que tratándose de moralidad pura y en sí, el indio es muy superior al blanco y al mestizo que conviven a su lado. En más de una página de estas graves meditaciones ha debido entreverse la prueba de esos asertos.

Entre los centenares de pruebas que en este instante podríamos aduciros solo daremos dos que patentizan la grande e increíble honestidad del indio.

Existe un comercio anual entre Yungas y La Paz de más de 20 millones de Bs., de cambio y recambio; y los porteadores de esta considerable mercadería son exclusivamente indios, en una región desnuda de toda vigilancia policiaria, a través de bosques y encañadas salvajes y desiertas; y el contrato de porteo se hace sin una pulgada de papel que lo garantice, sin un gendarme que lo resguarde. ¡Y los 20 millones de mercadería se mueven sin más amparo ni mayor garantía que la palabra grave y simple del indio analfabeto!

El otro ejemplo es la grande paz y seguridad que reina en nuestros dilatados y poco poblados campos. El blanco que en ellos se aventura está siempre seguro de su bien y de su persona. ¡Si comparásemos un poco nuestros campos con la campiña chilena!

Esto es la moralidad del indio. Y esta moralidad aparece en todos los terrenos en que su actividad se manifiesta.

Se ha hablado y se habla del alcoholismo indígena, y, de tanto repetirlo, los mismos extranjeros que observan se dejan influenciar del prejuicio. ¡Pero abrid los ojos! ¡Si hay alcoholismo boliviano es, sobre todo, alcoholismo blanco y mestizo! El alcoholismo sabio, sistematizado, hecho costumbre social, hábito elegante y medio de sociabilidad, existe sobre todo en nuestras tabernas, en nuestros clubes, donde se bebe metódicamente, elegantemente, diariamente, y donde a la vez se hace la mejor filosofía sobre el alcoholismo indígena. ¿La prueba de esto, irrecusable, abrumadora? ¡Comparad un poco el aspecto físico de la salud urbana, como pulula en nuestras calles, con la admirable salud rústica de nuestros valles y de nuestro altiplano, donde jamás ha existido un médico ni una farmacia, y donde el constante trabajo humano no tiene más compañías que la intemperie y la pobreza? ¿Son blancos o indios quienes han hecho y ganado el último admirable concurso de resistencia, en la carrera Tiahuanaco-La Paz? ¡Pero el eterno cretinismo no ha parado siquiera mientes en ese admirable *tour de force* que habría sido una verdadera estupefacción en Inglaterra o Francia, y la prueba más elocuente de la superioridad de la raza! ¡Claro, esa maravilla no estaba en los libros, y apenas si estaba en la realidad! ¡Y qué graciosa comedia incitar al pedagogo blanco que habla de educar al indio, de gimnasia sueca, de cultura física y otros embelecos, invitarle a tomar parte en un concurso semejante! ¡Qué cosa amena! Y esto se llama conocer la raza, pretender educarla y dirigirla, y... de no poder más, reducirse a difamarla.

La base de toda moralidad superior está en una real superioridad física; y en este sentido, lo que hay más moral, es decir más fuerte en Bolivia, es el indio: después el mestizo, por su sangre india, y en el último término el blanco, que en el instante histórico que vivimos es diputado, ministro, juez, poeta, profesor, cura, intelectual... y, para decirlo todo de una vez ¡parásito!
26 de agosto de 1910

CAPÍTULO XXXV

Nosotros decimos: el indio es todo energía; la ciencia europea (Chervin) dice: el indio es todo músculos. Los primeros depósitos grasos que acusan una fisiología gradualmente inferior, comienzan a mostrarse en el tejido mestizo. Su moralidad sigue una gráfica estrictamente paralela. La moralidad del indio, incomparablemente superior a la del cholo, y mucho más a la del blanco, es indiscutible. Nuestro criterio de basar una moralidad superior sobre superiores condiciones físicas, se cumple y comprueba aquí rigurosamente. No hay necesidad de una notación ergográfica para llegar a esta noción: el esfuerzo y exponente kilogramétrico del indio sobrepasa muy lejos al del cholo, y el de éste al del blanco. Ya el cholo acusa una tendencia invencible a las ocupaciones sedentarias, es zapatero o sastre, y en el mejor caso, cerrajero. En cuanto al blanco, no hay qué decir; ya sabemos que es *intelectual* de vocación, consumidor de oficio, y se queda siempre *rond-de-cuir* y *gratte-papier*. Entretanto, el indio es minero, labrador, viajero a pie, albañil, zapador militar, soldado incomparable, consume el mínimo, se basta a sí mismo y basta a los demás, produce cuanto da la nación, y ha como monopolizado el esfuerzo múltiple y la grande acción. *Acting*. Naturalmente, las condiciones salubres del indio con este régimen son espléndidas, y diez veces superiores a las de cualquier nación europea, bajo el punto de vista limitado de la resistencia primitiva y antimorbosa de la raza. Tuberculosis, escrofulosis, artritis polimorfas y todas esas maravillas monstruosas que diezman al europeo, a pesar de su ciencia, no existen para el indio. Naturalmente, las plagas se abaten de vez en cuando sobre él, irremediablemente, y son la viruela, la difteria, y otras semejantes, y hacen el consiguiente estrago. El Estado debería mostrarse aquí. ¡Pero cómo ni para qué ha de pensar jamás en vacunas y sueros, en médicos rurales y hospitales ambulantes! Tratándose del indio, él no está más que para beberle la sangre y comerle la médula; y seguramente para el indio, la peor plaga es todavía el Estado. Además, no hay dinero para estas cosas. Verdad es que lo hay, y a centenares de miles, para pagar premios imbéciles, festejar centenarios grotescos y construir monumentos ridículos; pero, por ejemplo, para este fácil y baratísimo trabajo de vacunar al niño indio, jamás de jamás ha habido un maravedí.

¿Se entiende ahora nuestro pensamiento de comenzar nuestro trabajo pedagógico por los gobernantes? ¿Hay paradoja? ¿Hay exageración? Nos han hablado últimamente los necios, y a propósito de estas polémicas, de las escuelas para adultos, a que hemos asistido en Europa, por vía de estudio: ¡son estas escuelas que habría que instalar en las más altas reparticiones públicas del Estado! Y ya que nos hemos impuesto la grande tarea de decir la verdad y de echar los fundamentos de la ciencia y de la conciencia bolivianas, digamos de una vez: no es el indio que debe aprender nada del blanco, en ciertas materias, las más importantes y vitales, como son las de moralidad pública y privada; es el blanco quien debe ir a aprender del indio una ética superior y práctica, el respeto de los hijos a los padres, el de los padres a los hijos, la fidelidad conyugal, el trabajo constante hasta la más extrema vejez, la sobriedad en las comidas, la mesura en el discurso, la paciencia, paciencia secular y heroica, la seriedad en los tratos y contratos, el respeto de la propia palabra, la obediencia a la ley, la reverenda de la tradición, la tradición que es la grande fuerza centrípeta y conservadora de la vida, sobre todo cuando de nacionalidades se trata, y, en fin, todo el catálogo de virtudes indias que se contrapone al catálogo de vicios blancos, en el instante histórico que vivimos. ¡Y ahora, señores pedagogos, continuad sosteniendo que la actual condición del indio es toda bestial! Pero si es verdad que tenéis alguna noción de la ciencia europea, o de lo que sucede en el viejo mundo, si habéis estado allá y habéis penetrado en lo que consiste la verdadera grandeza europea, bien sabéis que los grandes moralistas o sabios, las glorias legítimas que apenas se cuentan en los dedos de la mano, y no el logrerismo científico, alcánico o sorbónico; bien sabéis que los Ruskin, los Schopenhauer, los Poincaré, tratándose de una superior moralidad humana, pasarían reverentes y conmovidos ante el aymará de todos los tiempos, mientras escupirían su desprecio, como lo escupen actualmente, sobre la frente del blanco americano, que es lo único que de nuestra América conocen, por haberle visto arrastrando en sus bulevares y squares no otra cosa que sus vicios, su miseria dorada, su espíritu de chacota, su inopia mental, su sed insaciada de placeres y su insignificancia en todo sentido altamente humano. Porque es también preciso preguntarse, lo que nadie osa preguntarse públicamente, el sentimiento despectivo y la razón de ese desprecio, de parte de los europeos de Europa para con nosotros. Esto existe, esto es real; y lo peor de todo, esto es justificado. Y para los americanos que van a Europa, es esto, entre otras cosas, lo que hay que ver altamente importante, como experiencia fecunda de enseñanzas, porque esto ayuda a formar la conciencia privada, que un día será conciencia nacional.

27 de agosto de 1910

CAPÍTULO XXXVI

En estas condiciones históricas y étnicas que hemos mostrado, ¿se puede pretender todavía practicar una pedagogía europea basada en abstracciones generales y que no acuse una relación directa, mejor dicho, que no sea la resultante precisa y directa de nuestras condiciones raciales? ¿Cómo se puede aplicar los mismos criterios pedagógicos a nuestro cholo que a nuestro indio? ¿No hemos visto que ambas almas, si tienen un fondo común, si están destinados a construir la misma historia y si están sujetos a la misma fatalidad, en el momento presente, sin embargo, por sus condiciones políticas, sociales y de todo orden, demandan una diversa superior comprensión de su naturaleza y necesidad, en el orden pedagógico, cosa compleja que no solo es cuestión de enseñanza, sino también de gobierno?

Y es así cómo con las sugestiones de todo orden que hemos provocado, cabe preguntar cuál es la pedagogía necesaria para el indio. Hemos comenzado por sentar el gran principio que el objeto de toda pedagogía y de todo esfuerzo bolivianos, no debe ser, en último término, ni la ciencia, ni la riqueza, ni la misma felicidad nacionales, sino la energía nacional, a todo trance, a pesar de todo, en todo y para todos. Hemos negado la posibilidad librescamente imaginada de una pedagogía romántica y pueril que sueña con armonizar todas las pedagogías, y dar al boliviano todas las superioridades y todas las ventajas. No todos pueden ser todo. Los pueblos como los individuos, tienen un solo camino y una sola fatalidad, ¡y guay de ellos si se apartan de esa fatalidad sin comprenderla y en una loca dispersión de esfuerzos y de intenciones! El genio de un hombre o de una nación consiste justamente en devenir conscientemente su destino y ayudar voluntariamente a la realización de su fatalidad. Es en este sentido que el hombre se aproxima verdaderamente a los dioses, porque aceptando así su voluntad suprema, se hace en cierta manera consciente y copartícipe de ella, y reviste en cierto modo una especie de divinidad. No basta la buena voluntad y la dedicación para hacer pedagogía, mucho menos para gobernarla, y aún menos todavía para fundarla. Si a esto se añade el espíritu de lucro, sea cualquiera, lucro de honores o de dinero, entonces la partida está realmente perdida para el interés nacional.

Ya ha debido verse que el presente estudio, grave y sincero si los hubo, no se dirige tanto a los profesores o maestros que se ocupan directamente de los niños o de los jóvenes, sino más bien a aquellos que se ocupan de los mismos maestros, a los directores de todo el movimiento pedagógico del país, y que en verdad son los que mayor cargo de almas tienen. En nuestros escritos no se encontrará seguramente la mejor manera de enseñar el a, b, e, o el mejor método para enseñar las cuatro reglas; pero los pensadores podrán consultarlos cuando se trate de concebir fundamentalmente nuestra alma nacional y nuestra historia y cuando se trate de traducir últimamente esas concepciones en el terreno y aplicaciones pedagógicas. No todos pueden ser todo.

En medio de la batahola periodística que ha rodeado esta campaña pedagógica, entrevemos en el fondo un profundo silencio de incomprensión e impreparación, que ha sido la verdadera atmósfera en que nos hemos desenvuelto. Y lo peor es que son pedagogos profesionales o pensadores de la materia los que han desconocido totalmente nuestra acción y nuestro pensamiento. Pero si aquélla y éste son falsos, el tiempo lo dirá y destruirá inexorablemente su falsedad; pero si son verdaderos y sinceros, si es un trabajo legítimo y no simulado, honesto y no bovárico, toda la gritería de nuestras ocas plumitivas no podrá nada contra él, y la verdad quedará siempre diciendo: *e pur si muove*. Tal es la doble faz de la cuestión en nuestro país. No solamente hay el lado alta y difícilmente científico; también hay el lado moral, diríase del esfuerzo científico, y que no es el menos importante. ¿Qué vale una verdad nueva en un país o ciego naturalmente o voluntariamente cegado? Guardémonos sin embargo de un pesimismo excesivo. Los que sobre todo conocemos la acción del tiempo y la asombrosa fuerza de la verdad, debemos esperar todo de él y de ella. Además, ¿no es nuestra doctrina desconfiar siempre de todas las filosofías, siempre inseguras, de todas las fes interesadas y solo confiar en la vida, fuente eterna de toda filosofía y de toda fe? El viento ciego lleva toda semilla, aun la de la verdad, allá donde el mejor y superior interés de vida le depara el mejor terreno.

Una sola cosa hay que pedir, y es la buena voluntad de decir y de hacer bien. Casi siempre existe un paralelismo entre la calidad de un pensamiento y su fondo moral. Una grande idea, fuera de su valor puramente intelectual y especulativo, casi siempre comporta consigo una como atmósfera de benefacción. Un gran espíritu no solamente es clarividente sino benefactor; y las grandes verdades, casi siempre, por caminos indirectos, se convierten en grandes

bondades. Y cuidado con no confundir también este optimismo superior con el mezquino y graso contento del Sancho universal que es rémora de la vida y miseria humana.
28 de agosto de 1910

CAPÍTULO XXXVII

Ya se ve el lado débil de la pedagogía del indio: la inteligencia. No solamente sus fuerzas mentales están muy lejos de haber sufrido el menor desarrollo en el sentido europeo, sino que sus formas mismas puede que no concuerden del todo con las del blanco. Una sola sugestión daríamos: bien se sabe que el lenguaje es una de las más directas y genuinas manifestaciones de la vida cerebral. La fisiología y la patología del lenguaje son característicamente cerebrales. Ahora bien, no hay indio puro que, por más de haber aprendido el español desde la primera infancia, llegue jamás a pronunciarlo con la pureza y precisión de tono y acento que el mestizo o el blanco. En esto como en muchos otros puntos, la personalidad india se acusa con tal intensidad y con tal fuerza, que solo es comparable a la del inglés: bien se sabe lo rebelde que es éste a la total y completa asimilación de una lengua extranjera: el inglés, hable lo que hable, y hable como hable, se queda siempre inglés. El indio es lo mismo; y lo extraño es que no solamente en este punto se puede establecer paralelos con la gran nación insular, como tal vez veremos más tarde.

En este sentido, la pedagogía del indio es cosa más bien difícil. Existe una especie de nativa inaccesibilidad en la poderosa y personal naturaleza del indio. Toda cultura es un desgaste; diríamos, toda cultura es escultura; y el alma del indio parece hecha del granito de sus montañas. Esta es su dificultad y su grandeza.

El indio pide más una enseñanza, el cholo más una educación: este sería el verdadero matiz psicológico y pedagógico de ambos. Lo que hay que impedir es que la enseñanza comporte para el indio una desmoralización, como ha sucedido hasta ahora. Nuestros absurdos intérpretes tampoco nos han comprendido en este punto. La letradura española no puede menos que ser buena en sí para el indio como para cualquiera; lo que es malo es que el indio, al letrarse, se aproxima al cholo y al blanco, y al aproximarse a ellos pierde parte de sus buenas costumbres y adquiere todos o casi todos los vicios del blanco y del cholo. El ideal sería letrar al indio, aproximarlo a las clases superiores, por medio de esta letradura, y hacer que a la vez conserve sus grandes cualidades morales y características. Esta y no otra es la cuestión. Necesitamos de una pedagogía profiláctica, respecto del indio; y en este sentido nuestra idea primitiva, aparentemente paradójica, y profundamente científica, tratándose de la creación de una pedagogía nacional, queda en pie: no solo hay que comenzar la pedagogía por los pedagogos; necesitamos trabajar sobre toda aquella parte que se pretende la más culta de la nación, y que justamente es la más desfavorecida en el sentido nuestro. Necesitamos comenzar reeducando a todos nuestros blancos o pseudoblancos; educar enseguida a nuestros mestizos, y acabar entonces instruyendo a nuestros indios. Solo así destruiremos el veneno moral que significa para el indio su contacto con el blanco, y un poco menos, con el mestizo.

Y aquí cabe destruir otro gravísimo malentendido. Se nos habla citándonos autoridades científicas europeas de la necesidad de aproximar al indio hacia el blanco históricamente superior. De acuerdo. Pero entendámonos un poco, señores pedagogos, ¿de qué blanco estáis hablando? ¿Del que está haciendo la grande Alemania futura, del que ha hecho la grande Inglaterra de hoy? ¿O habláis del blanco sudamericano, pobre, vicioso, degenerado, perezoso, chacotero e insustancial? Allí tenéis otro de los inconvenientes del bovarismo libresco. La ciencia europea habla de superioridad blanca aria; ¡y sin más criterio, sin mayor examen, *sin abrir los ojos sobre la vida*, os estáis imaginando que la ciencia europea también se refiere a los blancos de Sudamérica! Pero abrid los ojos; comparad los factores y comparad los resultados. Podéis hacer la experiencia en Europa y en Sudamérica. En cuanto a la primera, ya lo sabéis, ya os lo hemos dicho, qué hace y qué significa el blanco sudamericano en Europa; en cuanto a este continente, comparad un poco a los dos blancos, y ved la increíble diferencia. Ahí están Buenos Aires, Santa Catalina, Valdivia, para no citar más: todo lo que hay de esfuerzo creador en todo sentido, grande o pequeño, pertenece al inmigrante europeo —blanco—; todo lo que hay de pereza y atraso endémicos desde hace trescientos años, pertenece al autóctono sudamericano —¡blanco!—. Esto va de blanco a blanco, señores pedagogos. ¡Y es ver estas cosas que también se llama operar sobre la vida y no sobre el papel impreso! Así, pues, todo cuanto se diga en Europa del blanco europeo creador y mantenedor de su actual civilización, no se puede aplicar en ningún sentido a nuestro blanco, destructor de toda civilización, como ha hecho en México y en el Perú, e incapaz de crear cosa alguna, como que nada ha creado en tres centurias.

Pero entonces se nos dirá: es llevar la pedagogía demasiado lejos. Sin duda; pero hay que ir así tan lejos para fundar algo estable y definitivo. ¿Os imagináis que con maestros rurales y reglamentos plagiarios hemos de poder fundar de veras la pedagogía del indio? Os he de decir otra verdad probablemente nueva también para vosotros: el mal primordial y la principal carencia, tratándose de pedagogía india, no está en el indio, no reside en él; está y reside en nosotros, los que nos llamamos y somos de hecho los directores y gobernantes de toda la vida nacional. El fundamento de la resurrección nacional está en la reeducación de sus masas superiores, que haga una sólida educación de su gran fondo étnico, esto es, los indios. Solo entonces podremos aproximar al indio hacia nuestro elemento blanco, sin temor y sin escrúpulo del contagio moral, que es una realidad, por mucho que su verificación nos duela. Solo entonces podremos esperar que el indio letrándose y comunicándose con el mestizo primero, y con el blanco después, no ha de perder sus grandes cualidades características, y al revés, conservándolas, solo ha de adquirir un nuevo instrumento, todo intelectual, para desarrollarlas y practicarlas. Y entonces este será verdaderamente el primer paso de la verdadera grandeza nacional.
30 de agosto de 1910

CAPÍTULO XXXVIII

Probablemente el indio es una inteligencia secularmente dormida. En medio de las magníficas condiciones morales que han caracterizado siempre la historia del indio, se encuentra siempre una deficiencia de organización mental y la falta de un superior alcance intelectivo. La verdad es que el indio ha *querido* siempre y ha *pensado* poco. Históricamente el indio es una gran voluntad y una pequeña inteligencia. Sobre todo el aymará, desde su legendaria y prehistórica resistencia a todo yugo político, hasta su actual condición de trágico aislamiento, en medio de su miseria y su infortunio, siempre ha mostrado una voluntad inquebrantable que ha contrastado extrañamente con la falta, en toda su evolución histórica, de un principio rector y organizador de vida. Es esta inteligencia india que es problema para toda pedagogía del porvenir. Nótese que esta inteligencia limitada y no desenvuelta, ofrece sin embargo innegables condiciones de superioridad, en lo que llamaríamos la calidad del pensamiento. El indio sabe pocas cosas, pero lo que sabe lo sabe mejor que nadie. Hemos hablado ya de la precisión e intensidad con que el indio concibe sus pocas concepciones. Cuando el indio aprende a hacer un trabajo lo hace siempre sin la versatilidad del cholo y sin la superficialidad del blanco; el trabajo es igual y su calidad es siempre la misma. Esta es una condición totalmente mental y muestra el sólido mecanismo de la inteligencia india. De aquí que el indio sea el obrero ideal para ciertos trabajos rutinarios en las artes y oficios, Enseñad al indio a hacer una cosa, y la hará igual hasta su muerte. La cuestión es enseñarla; y entonces el problema pedagógico, respecto del indio, se concreta: hay que despertar la inteligencia del indio, y toda pedagogía debe ser para él sobre todo instructiva y profiláctica. Porque aceptamos que tratándose de educación, si por ello se entiende la formación del carácter y su máximo sabio desarrollo, las condiciones nativas de carácter del indio son tales, que bien podría el indio servir de paradigma educativo a todos los pedagogos blancos, y educarlos, caso de poseer los medios culturales que no posee, y no viceversa.

Y ésta es otra de las grandes orientaciones, ya que así se llama, de la pedagogía nacional.

La grande base pedagógica del indio debe ser su carácter y su moralidad. Es sobre ese terreno que el pedagogo debe construir. Y resulta entonces que la pedagogía del indio debe ser más bien una obra de paciencia y de método, que de inteligencia y de razonamiento puros. Si queréis llevar algo a la inteligencia del indio, dirigíos sobre todo a su voluntad y a su sentimiento. El indio más que nadie demanda un pedagogo ante todo psicólogo. Este necesita conocer sobre todo el arte de mover la voluntad y de plegarla a las necesidades de la instrucción, tratándose del indio. El indio demanda una pedagogía de amor y de paciencia; el mestizo una pedagogía disciplinaria, regimentativa e intelectual; y si debemos precisar más, la una debe ser pedagogía más bien instructiva, la otra más bien educativa. La base de operaciones en el indio es su carácter; en el mestizo su inteligencia; y por otra parte, la pedagogía de ambos debe dirigirse a colmar las deficiencias de cada uno. Así, tratándose del indio, necesitamos contener su tendencia al aislamiento interior y exterior, a la concentración morbosa que se traduce en sentimiento antisociable. La soledad es útil; pero es bueno también comunicarse con sus semejantes; y si es cierto que una excesiva sociabilidad despersonaliza al individuo, no es menos cierto que el espíritu de asociación es el que en gran parte ha contribuido al desarrollo de las grandes naciones europeas, en todo sentido. Hay que despertarlo en el indio. Ese exceso de antisociabilidad es el que en gran parte ha contribuido a desarrollar la personalidad indeleble en la raza, ha llegado a producir un embotamiento mental, que más de un viajero inexperto ha tomado por estupidez. Una sola mirada a la historia y a la prehistoria india bastaría para destruir este prejuicio contra la raza, y de que tan puerilmente participa toda nuestra miopía pedagógica y no pedagógica.

Ya se ve los grandes lineamientos de la cuestión. Una íntima y profunda concepción de estos estados habilitarían al gobernante de toda la pedagogía nacional para encauzarla fundamentalmente; y ya se ve ahora cuál sería la acción de todo gobierno, necesaria de todo punto, tratándose de dirección y mando.

Se cree generalmente que existe en Europa o en otra parte una ciencia pedagógica; que el problema educativo está resuelto definitivamente por los sabios europeos. Esto no es cierto. Es más fácil y menos erróneo aceptar la existencia de *ciencias pedagógicas* que de una Ciencia Pedagógica. Justamente la cuestión educativa es una de las más debatidas y problemáticas —hoy mismo— en el mundo entero. Es tan absurdo aceptar principios dogmáticos en materia pedagógica como en cualquiera otra. Últimamente se nos ha hablado de Cefalometría, a propósito de los indios. ¿Se ignora que la misma ciencia europea está a oscuras tratándose de las conclusiones definitivas sobre *dolikhos* y *brakhys*? ¡Pero qué hablamos de cuestiones tan fácilmente oscuras! ¡Todas las ciencias físicas están construidas sobre el famoso principio de la permanencia e indestructibilidad de la materia: y ese mismo principio comienza hoy a aparecer falso e insuficiente, a la luz de las nuevas investigaciones sobre la esencia de la materia! ¡Imaginad el resto! Para quien la conoce a fondo, la cuestión braquidolico-cefálica es una maraña sin solución actual, toda enredada de contradicciones, de datos que se destruyen entre sí, y que por el momento no sirven sino para establecer esta verdad: nada se puede concluir aún; nada hay definitivo.

¡Mucho cuidado en valorar la ciencia en su justo valor! La ciencia de veras es cosa muy relativa, y en las más de las cosas, al menos, en las más trascendentales, estamos tan ignorantes como lo estaba Adán o sea el Antropopiteco.

Una de nuestras observaciones ha sido, tiempo ha, que no entontece menos el fetiquismo científico que el religioso.

31 de agosto de 1910

CAPÍTULO XXXIX

Letrad al indio si queréis y podéis. No puede menos que resultar un bien de semejante trabajo. Y aquí hay otro punto de incomprensión de nuestras ideas de parte de los que las critican. No pensamos que la letradura en sí sea mala para nadie. Esto sería ridículamente absurdo. Lo que sostenemos es la insuficiencia de la letradura para el indio, fuera de los peligros que ella comporta, en las condiciones en que hoy puede alcanzarla. La grande evolución social que perseguimos no tendrá seguramente por única base la letradura del indio. Otro y más vasto es el trabajo necesario para ella; y este trabajo hay que ejecutarlo no en el indio mismo letrándolo, sino en las clases socialmente superiores y que hoy tienen por la fuerza de las cosas, el destino del indio entre sus manos.

Necesitamos provocar un grande y nuevo movimiento en esas clases. Necesitamos comenzar a hacer lo que hace trescientos años no hacemos y debíamos hacer. Se trata de una acción colectiva, sabia, consciente y razonada, a más de altamente justificada. Se trata de rectificar una manera de concebir torcida y mal interesada respecto del indio y su significación dentro de la nacionalidad boliviana. Estamos plagados de prejuicios anticientíficos y en el fondo altamente inmorales y disociadores de todo espíritu de nacionalidad. La verdadera bestialidad está en concebir al indio como una bestia, desconociendo sus calidades raciales superiores en muchos sentidos a las de las clases dominantes; y esta concepción viene justamente de los mismos directores de todo movimiento pedagógico en el país. Fue esta manera de concebir absurda que ha sido la causa principal de la ruina de los españoles en América. Esta comprensión imbécil y ruin cuanto cabe, es la verdadera clave histórica con que se explica toda la política colonial y sus trágicos y fatales resultados para la metrópoli, desastres de los que hemos heredado nosotros. Estamos vociferando nuestra independencia y manumisión del yugo español, pero fijaos bien, el yugo existe aún sobre nuestras frentes, y consiste justamente en que aún no podemos sacudir la carga de prejuicios absurdos que nos han impuesto y de la que no podemos liberarnos todavía. ¡Y esos prejuicios fueron su ruina y serán la nuestra! ¿La conquista salvaje y la colonia insensata han desaparecido de América? Ostensiblemente sí; pero se han quedado en nuestras venas, y de allí no las han sacado todavía los Murillo y los Sucre. Allí está palpitante con todos sus vicios e inferioridades.

Es esto lo que hay que rehacer. Tenemos que librar aún la última campaña de la independencia, y destruir definitivamente el espectro español que aún domina nuestra historia. Es entonces que comenzaremos a poseer una verdadera personalidad que no existe aún en nuestra América. Fijaos bien: si el marcar una personalidad y un carácter definidos es prueba de una superioridad étnica y biótica, ella no existe en el americano predominante actualmente; pero existe en nuestro autóctono indio, y de la manera más vigorosa y típica. ¿Y no es la más famosa locura cerrar los ojos ante las verdaderas fuentes de la energía, y aún más, negarlas, renegarlas y peor aún, tratar de destruirlas, como ha hecho el español imbécil? Es esa energía que comienza a circular en nuestras venas.. ¿Y quién ha de ejecutar este movimiento, esta acción que no hesitamos en llamar la refección nacional? No es el indio directamente; somos los pensadores, los directores, los gobernantes, quienes empezamos a tomar conciencia de nuestra vida integral y de nuestra verdadera historia natural. Debemos comenzar por ver cuánto hay de dignidad humana por nosotros ultrajada en el indio; cuánto desconocimiento de sus verdaderas facultades y fuerzas; qué abyección por nosotros creada, y qué ruina de los primitivos señores de la tierra que hoy poseemos. Debemos comprender entonces que toda esta injusticia acaba por volverse contra nosotros; y que si aparentemente la víctima es el indio, final y trascendentalmente lo somos nosotros que en realidad destruimos las únicas fuentes de vida y de energía que nos ofrece la naturaleza.

Y entonces, lo que hay que dar al indio, al darle la letradura, es sobre todo, respeto, justicia, dignidad, nuestra consideración y nuestro amor, pensando que en muchos sentidos su miseria es nuestra obra, y que su resurrección es nuestro salvamento. Es entonces que la pedagogía india tendrá un sentido real y positivo; es entonces que será una obra altamente sabia y científica de la que podremos esperar resultados innegables y matemáticos. Lo demás es bovarismo infecundo, y continuar haciendo lo que hemos hecho con nuestra política, con nuestras finanzas, y con todo: apariencia de cosas y ruido de palabras.

¿Se comprende ahora dónde buscamos las bases de nuestra pedagogía? No en las fórmulas librescas y plagiarias; pero en el esfuerzo nacional, en la energía constante e infatigable, en el trabajo de todos para todos, en la buena voluntad, en el calor del alma patria, en la fuerza y potencia de nuestra sangre. ¿Es útil la ciencia europea? Tanto mejor; pero sola jamás bastará para edificar nada en nuestro suelo ni en nuestra conciencia.

1.º de septiembre de 1910

CAPÍTULO XL

Y llegados a este punto, necesitamos volver la vista al comienzo de este estudio, y señalar lo que no hemos hecho todavía, el objeto final de toda pedagogía y educación nacionales.

Al fondo del aparente desorden con que forzosamente ha habido que exponer estas ideas, y que en más de un momento dado han revestido muy a pesar nuestro un carácter polémico, al fondo decimos, existe una idea maestra y una grande unidad de pensamiento. Sin embargo, a lo largo del camino recorrido han quedado algunos puntos interrogantes, sin respuesta todavía de nuestra parte, y que siguiendo un método preconcebido, bueno o malo, según se entienda, hemos querido reservar para el fin.

Una cosa que nos ha asombrado y entristecido siempre es la absoluta exorbitación e indirección en que se ha desarrollado siempre toda la acción de nuestros pedagogos, directores y cuantos oficial y extraoficialmente se ocupan y se han ocupado de este tan grave asunto. ¿A dónde se conduce la pedagogía nacional? ¿Cuál es el plan? ¿Qué se quiere hacer del boliviano? ¿Cuál es el objeto perseguido?

Porque verdaderamente responder a todo esto que lo que se persigue es llanamente enseñar las primeras letras a quien no las posee aún, y dejar el resto como está, a más de ser infinitamente pueril, no es tarea de directores, ni de hombres de Estado, ni de nada. Por otra parte, siguiendo un método bovárico, ir a todos los países e importar de ellos todas las formas educativas, que en el fondo no son sino todas las formas humanas, por contradictorias y anacrónicas que sean, por dispares y ajenas que se manifiesten, y pretender hacer del boliviano aquel famoso ramillete de maravillas de que hemos hablado ya, es tan infinitamente anticientífico, y revela tan poco conocimiento de la psicología de la historia, de sus leyes y de la naturaleza humana en general y en particular, que hemos visto siempre en ello la causa principal de nuestros errores de nación y de hombre.

Hay entre nosotros hombres conocedores de muchas cosas bolivianas y extranjeras; los hay también de buena voluntad y honesto patriotismo; pero lo que no existe aún son hombres sólidamente cultivados que hubiesen traspuesto aquel estado que llamaríamos de neofitismo científico y que consiste en aceptar sin control todo lo que en el mercado de las ideas lleva sello europeo, o peor aún, yanqui; porque aceptamos que la condición *kat'exokhen* de toda cultura y especialmente de toda dirección, es la más completa libertad de entendimiento y de razón y esa independiente elevación criterial del hombre que le pone en estado de juzgar todo y decidir en orden a su propio discernimiento. Hace muchos años escribíamos refiriéndonos a otro género de disciplinas: *un grande artista es siempre más grande que su arte.* En este mismo pensamiento tendríamos que transmutar y aplicar a la presente cuestión. Todo fundador y director de la educación nacional tiene que estar por encima de toda la materia de manera de poder dominarla y no dejarse envolver y ahogar por ella.

¿No se ve acaso en todo lo que oímos y leemos sobre educación nacional una total indirección de ideas y aspiraciones, un desorbitamiento completo de iniciativas, de intenciones y de pensamientos? ¿Qué es lo que se revela de toda nuestra literatura pedagógica, política o cualquiera otra? Que cuando todo ello no es una fantástica niñería, nuestros escritores y pensadores saben mucho más de Europa y de la China que de nosotros y de nuestra tierra.

Volviendo a nuestra materia, ¿quién se ha dado cuenta en Bolivia, de las grandes corrientes contrarias y contradictorias que embargan en este momento el pensamiento europeo tratándose de la cuestión educativa? Se cree ingenuamente que en Europa hay una completa armonía de métodos y de objetivos, y que los pensadores y teóricos viven allá en un pacífico pensil de especulaciones donde las ideas crecen unas junto con otras, todas como sanas y provechosas legumbres. Este es un grave error, y viene de la inexperiencia en el manejo de las ideas, y de lo que hemos dicho ya de la falta de una sólida cultura intelectual. Nuestra cultura no tiene fundamento de ninguna clase. ¡Lo más que podemos llamarnos es lectores aprovechados!, pero esto no basta para crear una sólida cultura intelectual! Una verdadera cultura supone un doble trabajo de asimilación y eliminación. Hay que saber escoger, y escoger bien; concretar los estudios y abandonar resueltamente cuanto no entre dentro de un plan previo y sabio. No todo lo bueno es útil, y es todo un arte saber renunciar oportunamente. Es este régimen interior, que falta y ha faltado siempre a toda nuestra inteligencia sudamericana. Lo que da un valor a los conocimientos, es la inteligencia voluntaria y consciente que los ordena; y es esto sobre todo que en verdad se llama cultura de ideas.

Cuando hemos hablado de la raza, de su fondo conciencial y típico, de sus fuerzas y elementos de vida particulares y peculiares —se nos ha venido con que todo esto no existe; que somos *conglomerados étnicos* incoloros e indistintos, y que por consiguiente es absurdo tratar de fundar pedagogía ni nada sobre esas pretendidas bases.

Ahora bien, todo esto es inexacto. El que no la vean los demás, no es razón para que una cosa no exista. Nuestra idea maestra ha sido derivar nuestra pedagogía de nosotros mismos. Entonces hemos buscado nuestras propias fuentes, y hemos establecido que todo movimiento en este terreno debe partir de nosotros para llegar a nosotros mismos. ¿Y cómo?; tomando por base el carácter nacional para manifestarlo y desarrollarlo en toda su trascendencia histórica y material.

¿Y en qué consiste el carácter nacional?

Esto hemos de decir en esta última parte.

2 de septiembre de 1910

CAPÍTULO XLI. EL CARÁCTER NACIONAL

El grande error de aquéllos que no han encontrado una manifestación característica en nuestra nacionalidad proviene de que siempre han considerado como objeto de sus observaciones y deducciones a nuestro blanco sudamericano y especialmente boliviano, o puro del todo o casi puro (no se sabe). Como es el único que hasta ahora habla y escribe y manifiesta una apariencia de vida sobre todo política, ha embargado siempre la atención de los pocos pensadores que de nosotros se han ocupado.

Reconstituyamos un poco la historia.

En el primer momento de la colonia, que también es el primero de la conquista, el blanco recién desembarcado en América, significaba y era de hecho todo para el blanco. Entre el colono y el autóctono existía mayor distancia que el mismo océano entre sus dos patrias. Una incomprensión radical separaba a las dos sangres. No solo existía la grande disparidad de razas que comportaba consigo la disparidad de historia, de educación y, en una palabra, de la organización misma de las fuerzas étnicas de cada uno; había también, según nosotros, una inferioridad radical y obstacular, bajo el punto de vista sintéticamente humano, de parte del español, y que le hacía inapto para servir cualquier interés de la vida más o menos trascendente. El español, doquiera iba, llevaba consigo un germen de inmoralidad y de descomposición históricas, que por lo demás no solo se manifestó de su parte en América, sino en toda su historia contemporánea de entonces, y que se puede comprobar todavía en su misma historia contemporánea de hoy. El español no solamente ha hecho en la América lo que en la América ha hecho; también lo ha hecho en Flandes, en Sicilia, en Italia, ha pretendido y tentado hacerlo en Inglaterra, y donde ha puesto históricamente la mano, se han dado los mismos resultados y se han comprobado las mismas experiencias. ¿Y qué era ello? Aceptamos que el español llevaba consigo a donde iba una sombría pasión destructora de la vida, y que era ceguera de inteligencia para concebir un interés superior y altamente humano.

Seguramente con los reyes católicos se abre en España un período de expansión vital para el hombre y para la raza; pero hay algo malsano en este brote de fuerzas que más tarde han de transformar la historia. Si se examina en un momento semejante a cualquiera otra raza realmente superior, pronto se ve que el momento histórico de su florecimiento coincide también con la aparición de una grande idea o de un gran sentimiento que se encarna directamente en la raza, y que constituye misión histórica para ella, y es a la vez por sí y en sí un grande elemento o resorte creador o conservador de vida. Tomad a los griegos o a los ingleses. Siglos los separan; sus sangres son distintas; pero tienen en común que ambos alcanzan instantes de expansión histórica que les dan una real supremacía sobre parte considerable de la humanidad.

¿Y qué hay en la sangre de cada una de estas naciones? ¿Cuál es el resorte maestro de toda su historia? Grecia es todo el pensamiento humano, hoy más vivo que nunca; Inglaterra encarna toda la acción humana en su grado supremo; y pensar para la una, y obrar para la otra, son dos misiones históricas, a cuya realización consciente y subconscientemente se subordina toda la historia de las dos naciones. Y es esto que ellas llevan, cuando llega el momento expansivo, a sus colonias y a sus conquistas, *et in hoc signo vincunt*. En España no existe cosa semejante.

Nos preguntaríamos ¿cuál es y ha sido la misión histórica de España? La flor de su pensamiento es el molinismo; y su obra maestra es la conquista de América. Buscad en su historia la gran misión jurídica como en Roma, o el fondo ético del alma germana o el instinto y vuelo metafísico-religioso del hindú; nada encontráis que se pueda traducir como contribución honesta y directa a la obra solidaria de la especie y como colaboración a la grandeza o la felicidad humanas. España no encarna ningún ideal, y si lo encarna tal vez es uno negativo, el de crear el sufrimiento y tender a destruir la vida, lo que podría servir oblicuamente los intereses de la vida, interpretándose como tónico y reactivo de la misma.

Esto significa el blanco español en Sudamérica; porque también es preciso concretar las denominaciones; y cuando hablamos de la influencia blanca en el continente, no hay que confundir dentro de un ancho concepto genérico del aryano, las diferencias específicas, que en cierto modo son sustanciales, como lo hemos visto y lo vemos.

Y penetrando un poco más en el alma conquistadora encontramos un extraño conjunto de ideas y pasiones que hacen de la colonia la cosa más típica y trágicamente interesante de la historia. Hay la sensualidad característica; hay también la melancolía superior; hay el orgullo infecundo y perezoso, y la fantasía desordenada; hay la religiosidad que pronto es fanatismo, y que da las más extrañas flores como pasión y sentimiento cuando se combina con la sensualidad propia de la raza; hay también el espíritu de aventura; pero no es por saber ni gozar de lo nuevo y lo ignoto; es simple sed de oro, y que no es jamás un alto ideal humano. Hay también la crueldad helada y consciente junto a la pasión más ardiente y ciega. Quedan sin embargo en el fondo algunas calidades que compensan todo lo negativo de la raza. Una invencible tendencia a la grandeza que cuando no hay suficiente seso, se traduce en quijotismo, y cuando lo hay, en cierta probidad moral, que hacía decir a Montesquieu que el mercader más honesto era el español. Luego un raro sentido común para comprender las cosas, aunque no para aplicarlo en la vida diaria y ordinaria. La pasión o la pereza ha anulado siempre en el español la clara visión de su buen sentido, que en su tiempo ha sido uno de los más altos de Europa.

No resistimos a la tentación de señalar aquí una observación que podría ser de algún interés para la psicología de la historia: históricamente, el español ha debido digerir siempre mal.

3 de septiembre de 1910

CAPÍTULO XLII

Decíamos que desde el principio, solo el blanco ha existido para el blanco, y toda la vida americana ha sido juzgada con criterios blancos, y considerada, históricamente hablando, materia exclusivamente blanca. Esta manera exclusiva de concebir la historia tenía al comienzo alguna justificación, porque la primera colonia pudo considerarse como una europeización de las tierras nuevas. La sangre europea fluía sobre América, como fluye hoy sobre Buenos Aires o Nueva York, y mientras se conservó intacta y pura pudo seguir cubriéndose como un movimiento de europeización de América. Pero he aquí que en el curso del tiempo y en virtud de leyes fisiológicas e históricas desconocidas, y que quizás acusarían la superioridad fundial de unas sangres sobre otras, aquel movimiento de europeización es profundamente modificado por los elementos de vida autóctonos, y resulta que en la parte meridional del continente comienza a delinearse toda una evolución étnica que acabará un día por ser histórica. La sangre española comienza a perder su pureza y a mezclarse con la sangre nueva, y gradualmente se produce un cambio contrario que de hecho transmuta la primera europeización de estas tierras en una verdadera americanización de la sangre europea en el nuevo mundo. Esto cambia sustancialmente el fondo de las cosas; pero es una evolución que se cumple lenta e inaparentemente. Esta renovación y reformación sustanciales de los elementos primos de la historia, no se ve de pronto, ni se imagina hasta dónde puede ir. Es el mestizaje gradual y secular. El elemento blanco que sigue viniendo constantemente de Europa, y que no hace más que contribuir vigorosamente al cumplimiento de esta superior ley biológico-histórica, no se da cuenta de él, y sigue entendiendo lo que al principio entendía, que se trata de un simple trasplante europeo; y en este sentido, aunque los materiales sustanciales de la historia están cambiando sustancialmente, los criterios de la misma siguen siendo los mismos. Y aquí se presenta el extraño contraste de cómo las formas ideales tienen mayor persistencia que la misma materia palpable, el objeto y sujeto de la historia. El hombre cambia; pero las ideas permanecen. Y es así cómo la colonia, después de tiempo, mestiza ya de naturaleza, sigue siendo española de ideas, y encerrando su nueva alma dentro de criterios del todo ajenos.

¿En virtud de qué leyes etnológicas se cumplen estos fenómenos? No se sabe precisamente; pero el hecho del mestizaje interpretado así, es innegable.
Si en la evolución que llamamos mestizaje sucede esto con las ideas, no sucede lo mismo con los sentimientos. El mestizo, que sigue ciegamente siendo español de ideas, no lo es más de corazón. Este es un punto muy importante de la psicología americana. El primer sentimiento trascendente libertario contra la metrópoli, no ha debido nacer en un pecho indio ni en uno español, sino en uno mestizo. Todo hecho histórico para cumplirse demanda cierta sazón, y las fuerzas que lo cumplen tienen que guardar cierta proporción con el medio en que se desarrollan y respecto de los elementos sobre o contra quienes operan. Para cumplir un movimiento contra el dominio europeo, el indio no estaba suficientemente próximo a él, y justamente su grande alejamiento de la civilización europea le impedía tener una justa comprensión y un eficaz alcance sobre ella, o contra ella. Por su parte el blanco puro sufría de la falta contraria: demasiado próximo al mundo y al alma europeos, haciendo parte de los mismos, no encontraba en sí elementos suficientemente heterogéneos para realizar el movimiento disgregatorio y libertario, esa especie de fractura histórica en que consiste la independencia de América. El mestizo sí. Si seguía pensando a la española, sentía ya como indio, y ese sentimiento y pensamiento combinados le hacían apto para tentar un día la empresa. La tentó, y resultó.

Volviendo al primer punto, deseamos llegar a éste: todas nuestras ideas son de blancos; pero todos nuestros sentimientos son de mestizos. El grande mal de que justamente sufrimos es este divorcio de criterios y sentimientos, que significa una verdadera disociación de fuerzas interiores, y que nuestra moderna cultura a la francesa no hace más que acentuar y agravar. Digamos de paso, y para prevenir incomprensiones, que estas verificaciones nuestras no significan la condenación de toda cultura europea ni mucho menos, pues tal cosa sería seguramente absurda. Otro es nuestro pensamiento.

El resultado directo de este estado es una constante contradicción de nuestra vida. Todo género de ideas extrañas persisten en nosotros con toda la fuerza del prestigio europeo. Dispersemos una gran suma de atención y de fuerza en la contemplación y manejo de ideas exóticas que no tienen una raíz vigorosa y profunda en nuestra naturaleza, y que tampoco responden a necesidades positivas de nuestra vida. ¿Es éste un simple fenómeno de educación? ¿Es herencia? ¿Hasta qué punto podemos contrariarle?

Y aquí se presenta otro lado pungentísimo del problema: ¿debemos modelar nuestra alma toda mestiza, en orden de nuestras concepciones europeas, y forzar nuestra naturaleza toda distinta ya, a encajarse en diversos marcos europeos, como en un lecho de Procusto? ¿O debemos más bien subordinar en nosotros mismos toda tendencia, toda idea, todo vuelo europeos, y violentarlos también, para hacerlos servir al desarrollo de nuestra naturaleza íntima de mestizos, y proponernos así un objetivo que de antemano parezca inferior al perseguido y alcanzado tal vez por los europeos? Concretando más: ¿debemos perseguir un ideal americano o uno europeo?

Aquí se presenta una objeción considerable.

4 de septiembre de 1910

CAPÍTULO XLIII

La objeción es: ¿en qué medida se puede considerar al que llamamos blanco sudamericano como un elemento irremediablemente exótico y ajeno en medio de nuestras nacionalidades? ¿Hay realmente blancos puros? Si los hay, ¿en qué medida siguen siendo extraños a nuestra naturaleza estrictamente americana? ¿Hay que aceptar que en los transplantes, con tal de que una sangre se conserve rigurosamente intacta de todo mestizaje, sigue ésta guardando su primitivo carácter étnico, más o menos atenuado o intensificado? En una palabra, ¿nuestro blanco sigue siendo un europeo generado en América, o forma una nueva entidad, sobre todo bajo el punto de vista de su moralidad? Y en este punto de nuestro estudio del carácter nacional encontramos necesariamente otro factor que para muchos sociólogos es definitivo, y que también nosotros, con ciertas reservas, nos inclinamos a considerar tal. Este factor es el medio.

Y el medio es la tierra, para usar de un término menos áridamente científico. La tierra hace al hombre, y en este sentido la tierra no solo es el polvo que se huella, sino el aire que se respira y el círculo físico que se vive.

La tierra tiene un genio propio que anima al árbol que germina y al hombre que sobre ella genera. El alma de las razas está hecha del polvo de las patrias; y en este sentido el hombre no está menos arraigado al suelo, que el árbol, su hermano. Es sobre todo en este espíritu que hay que traducir el pensamiento aristotélico: el hombre es un árbol con las raíces arriba. Y es en este sentido también que se puede decir que la historia humana hace parte de la historia natural. Es la insuficiencia de las ciencias físicas que hace hasta hoy la imposibilidad de una verdadera ciencia histórica.

La tierra hace al hombre; y es en la tierra que hay que buscar la última razón de su pensamiento, de su obra, de su moralidad. Cuando se dice *tierra patria* no solamente hay en ello un símbolo paternal, sino que realmente existe una relación generativa entre el suelo y el hombre. Físicamente, el hombre está hecho de las sales del suelo en que vive y genera. La poética ficción de que cada uno lleva un retazo de cielo patrio al fondo del alma es una realidad. *Humus, homo.* En este punto nada hay más flagrante que el ejemplo de los Estados Unidos. El yanqui nativo aparentemente es un europeo boreal generado en América. Los caracteres físicos se conservan, aunque aquí mismo quizá ya se pueden entrever variaciones finísimas. Pero donde el genio de la tierra se revela irremediablemente es en el carácter. En el yanqui nativo, a pesar de todas las apariencias, resucita el piel roja. La audacia, la temeridad yanqui no son inglesas; Lynch tampoco. La Europa tradicional no ofrece nada semejante: el piel roja sí; y en este caso, no existiendo el genio de la especia, existe el genio del lugar: *Genius loci.* Si tuviésemos una psicología íntima de las razas primitivas de la América del Norte, es probable que podríamos establecer un paralelo exacto con sus nuevos habitantes. Tan grande y tan permanente es la fuerza de la tierra.

Esto significa el medio, y esto también debemos buscar en nuestra tierra y en nuestras razas, nativas o nuevas. El blanco nativo ya de nuestra América, por puro que se hubiese conservado, comienza al cabo de algunas generaciones a revelar y reflejar en sí esta influencia del medio. En este punto nada hay más sugestivo que la convivencia de blancos, mestizos e indios en nuestro país. Nuestros blancos que siguen viviendo una apariencia de vida europea, y como radicalmente divorciados de los indios, no se aperciben de que toda su vida a la europea tiene, en el fondo, un sabor tan aymará, que es como un matiz del todo indio en que se esfuma toda la actividad nacional. Música, literatura, arquitectura, maneras, política, costumbres, lo íntimo de lo íntimo, en nuestro blanco acusa ya la fuerza de la tierra y el genio del lugar. Y en medio del proceso degenerativo que antes hemos señalado para nuestro blanco, justamente resulta que éste ni siquiera ha tenido, empobrecido como está, la fuerza de asimilar las virtudes propias de las nuevas tierras; sino que, lo que al cabo de nuevas generaciones revela, son los vicios y deficiencias de las razas autóctonas a cuyo lado ha convivido. El primitivo español que no se ha mezclado ha ido perdiendo gradualmente las fuerzas de su propia sangre, y tampoco ha adquirido las calidades que las nuevas tierras prodigan a sus propias razas. Típica es en este punto nuestra literatura de blancos. Buscad la académica o la fiscal y veréis que en formas raquíticamente españolas, la intención y la manera son aymarás; y como el pensamiento parece haber sido y ser el lado más pobre del aymará, resulta que nuestra literatura de blancos es la más famosa absurdidad que se puede dar tratándose del arte de escribir; pues los dos genios que se manifiestan en la literatura del blanco, parecen no haber llevado a ella más que las deficiencias del uno y los vicios

del otro. Verdad es que el blanco americano es el terreno más desfavorecido en que han chocado y luchado las dos influencias y los dos genios —europeo y americano— históricamente contrapuestos y opuestos en América. Y quizás esta es la principal razón de la degeneración del blanco entre nosotros; pues su presencia en el nuevo mundo no significa otra cosa que la lucha de una sangre extranjera con un poderoso medio ambiente que impone a todo trance sus leyes y sus elementos de vida con seguro menoscabo de todo lo que no se le sujeta y adapta directamente. Y esto confirma nuestra primera idea: la personalidad del blanco está condenada a perecer en América: o se descasta cruzándose para adquirir nuevos elementos de vida, o degenera sin cruzarse. Descastamiento o degeneración: tal es el dilema; y esto es lo que puede el medio ambiente, es decir, la tierra.
6 de septiembre de 1910

CAPÍTULO XLIV

De esta manera el medio es un crisol en que se funden las nacionalidades y en este sentido las razas hacen parte integral del suelo en que nacen y generan. No son las naciones que poseen la tierra, sino al revés, las tierras que poseen al hombre, del mismo modo que la madre al hijo. Cuando se nace y se crece en una comunidad así, por lejano que sea el propio origen, por dispares que sean las rakes étnicas, un lazo tanto más poderoso cuanto más invisible e insensible nos amarra al tronco común que es la nacionalidad. Es así cómo el hijo de dos ingleses nacido y crecido en América sigue siendo inglés en cierta medida, por la fuerza inicial de la sangre y de la raza; pero comienza a americanizarse por la fuerza actual del medio. Y aquí cabe señalar de nuevo esa verdadera lucha que se establece entre las sangres trasplantadas y los medios nuevos, y que en el fondo no es más que una lucha de medios, puesto que aceptamos que las razas no son más que el producto de los mismos. Una sangre que emigra lleva en sí una fuerza especial conservadora y multiplicadora del individuo, y que es el carácter de la propia raza impreso en ella por el propio medio. Esto es lo que consigo llevaron todos los emigrantes históricos, fenicios y portugueses, tártaros e ingleses. Y en este sentido cada emigrado lleva en sí todo el genio de su raza, pues la influencia del medio es tan poderosa, que todo el genio de la taza está en el individuo, lo mismo que toda la encina está en la bellota.

Pero aquí viene la cuestión de los trasplantes. Nada hay más grave que esto para las razas. Significa para ellas nada menos que la renunciación a la primitiva personalidad y la sumisión a una nueva que formará en ellas el nuevo ambiente; y se produce un choque y una lucha. La sangre resiste y el medio impone. La victoria nunca es dudosa y queda siempre para éste. Esto significa la erradicación de las razas. Pero estas evoluciones no siempre se cumplen de una manera igual y pareja. Los franceses de la América del Norte han conservado casi todas las calidades morales patrias; pero han perdido del todo las calidades intelectuales francesas. Es un asombro ver en estos franceses americanos la total ausencia de las muy peculiares formas ideales que se encuentran en Francia. Si está la lengua aún, el espíritu no está más. En cambio, en la América del Sur, los españoles han conservado casi íntegro el emporio de ideas y la manera de inteligirlas, con que han venido de España.

Eso es lo que en ellos ha perdurado contra toda la influencia del medio nuevo. En cambio los sentimientos y sus matices que se traducen en costumbres y tendencias, han cambiado del todo en la nueva tierra, o por lo menos se han desvirtuado y han perdido esa fuerza propia que les imprimía un carácter y los distinguía de los demás. En realidad, bajo el punto de vista puramente español, la colonia significa una verdadera desmoralización. Bajo el punto de vista de la energía racial y de una moralidad general, el español de América (blanco) es en verdad muy inferior al español de España, a pesar de la gran decadencia peninsular.

No pudiendo detenernos demasiado, por la naturaleza misma de este trabajo, en cada una de las fases de este estudio, volvamos al punto principal, el medio. Tratándose de la formación del carácter nacional, blancos, mestizos e indios de América, todos tenemos dos factores poderosísimos en común: la historia y el medio. Son como las dos garras del destino que están amasando nuestra nueva alma americana. La tierra común y la convivencia permanente son dos fuerzas que obran sin cesar y en la misma dirección a pesar de las resistencias de las sangres exóticas y las depresiones históricas de las sangres autóctonas. La planta humana puede presentar desviaciones, modificaciones extrañas, tendencias diversas, etc., etc. No importa; una voluntad anónima y poderosa se desprende de la tierra, y en ella se funden como en un océano, todas las corrientes humanas, ya volitivas, ya intelectuales, ya sentimentales. Y este es el verdadero concepto de las patrias, y es así cómo los elementos más heterogéneos y heteróclitos, al cabo de tiempo acaban por comulgar, movidos por un resorte invisible, en la misma aspiración y en el mismo ideal. A veces los hombres no se dan cuenta de ello, y lo que es peor aún, a veces un falso espejismo, una mala interpretación de la propia historia, un prejuicio hereditario, les hace desconocer el verdadero sentido de su vida, y es ello rémora de la historia y obstáculo de la vida. Así, entre nosotros, nuestro blanco se imagina tácita o expresamente, estar a una distancia inmensa de nuestro indio; y no solamente se imagina esto, sino que, en este falso criterio, va hasta no abrigar para el indio otro sentimiento que el desprecio, o en el mejor caso, la indiferencia. Ignora que entre él y el indio hay mucho menos distancia que entre él y cualquier blanco de Europa. Ignora que si es verdad que ha conservado en su mente y en algunos caracteres físicos, muchas apariencias españolas, existe en su naturaleza un substratum distinto, tan hondo y tan fuerte que es o será en definitiva el fondo mismo de su ser. Fuera de la inmigración actual y presente, en América no existe el blanco, al menos en un sentido estrictamente europeo. Lo que hay poderoso entre nosotros, es el medio natural, y no hay sangre extranjera que a él resista sin sufrir cambios en cualquier sentido, sea remodelaciones o deformaciones.

7 de septiembre de 1910

CAPÍTULO XLV

Hay una gran deficiencia de materiales de estudio en nuestro país para poder aplicar con algún fruto las ideas generales que hemos apuntado a lo largo de este estudio sobre la investigación del carácter nacional. Nuestra antropología está haciéndose o por hacerse; un emporio de observaciones psicológicas en las diferentes fases de nuestra vida pública y privada, no existe; nuestra misma historia es breve, y más breve aún bajo el punto de vista científico, si se tiene en cuenta la grande noche colonial en que los documentos científicos son escasos o nulos, como observación y estudio. Sin embargo, y quizá por la misma razón de que nadie ha trabajado aún seriamente en nuestro campo, es nuestra tarea comenzar ese trabajo, y poner los fundamentos de lo que un día acabará por ser ciencia americana, y concretamente boliviana.

Ya se ve, por los criterios hasta ahora indicados, a dónde nos dirigimos. La precisión de nuestro carácter nacional tiene dos fuentes de estudio: nuestro medio y nuestra sangre. Primero es un estudio aislado de cada una de ellas; después es un estudio combinado y complementario: la tierra se estudia en la raza, y ésta en aquélla. Hemos señalado la principalísima importancia de la acción del medio. En vano se pretenderá encerrar el estudio del gran problema del carácter nacional dentro de los límites del estudio de las sangres. Porque se reconoce variedad de colores y caracteres físicos en nuestras poblaciones, se deduce luego que no hay carácter nacional, que no existe unidad de alma, y que, por consiguiente, es absurdo fundar una especulación y una educación sobre ello. El razonamiento es falso. En el peor caso, se podría decir que si no hay una total unidad de carácter nacional, porque no la hay racial, debe haber varios caracteres que correspondan a las diferentes manifestaciones de nuestros diversos elementos étnicos. Pero ya hemos visto lo que significa en esta materia el medio, la tierra. Es allí donde las sangres diversas y aun enemigas acaban por hacer una sangre, es decir, una sola manifestación humana que comulga en la misma historia y obedece a la misma ley biológica.

Nos preguntaríamos aquí: ¿Todos los medios obran con igual energía? ¿Su acción e influencia refusivas son igualmente poderosas en todas partes? ¿Los hay a los que el elemento humano resiste más fácilmente y con mayor éxito? En una palabra, bajo el punto de vista racial, ¿hay medios poderosos y medios débiles? Si los hay, ¿a cuál de éstos pertenecería el nuestro? ¿Debemos lisonjearnos de haber nacido en un gran suelo capaz de producir una gran raza? Y si esto es cierto, ¿en qué consiste la grandeza de ésta? ¿A qué otras sangres deberíamos compararnos de preferencia, en la historia? En una palabra, ¿cuál es nuestro carácter nacional?

En verdad que cada una de estas preguntas demandaría respuesta en volumen diferente: no lo podemos. Necesitamos dar respuestas rápidas y sumarias, pero suficientemente comprensivas para mostrar lo que entendemos de todo ello. Digamos de paso que, esbozando como estamos haciendo estas primeras nociones de nuestra ciencia, por mucho que no alcancemos a agotar la materia, juzgamos que ya es un gran paso de nuestra ciencia el solo enunciar ciertos problemas, y concretar la manera de especularlos.

Una cosa que engaña frecuentemente en las ciencias es su aparato formulario y técnico. Lo principal de la ciencia no está en ello. Conozco tratados científicos que son verdaderos palados metodológicos: de tal manera la distribución es amplia y compleja: la ciencia de veras no les debe gran cosa. Hay mucha más sustancia científica en una sola observación nueva, justa y tomada sobre la vida misma, que en todos los esfuerzos sistemáticos y conceptuales de que nuestra moderna literatura científica está plagada en nuestros días. Dos líneas de observación darwiniana hacen a veces más por la ciencia que un volumen de admirable pedantesca erudición spenceriana. Extendiendo un poco más estas consideraciones, diríamos que, por ejemplo, el conocimiento del alma humana debe más a una página de Stendhal que a muchos y añejos laboratorios alemanes y otros. Es que se trata de cierto género de conocimientos muy superiores, y que participan más bien de la grande intuición que de un inseguro razonamiento. Siempre hemos pensado que la grande ciencia debe más a los intuidores a la manera de Lucrecio o de Bacon, que a los sistemáticos y comprobadores miopes y limitados; y si es verdad que la ciencia necesita de éstos, de manera permanente y constante, para mantenerla y conservarla, extenderla y aplicarla, no es menos verdad que necesita más de los primeros para crearla, como quien diría, de la nada.

No creemos del todo fuera de lugar estas consideraciones en nuestro país. Siempre ayudarán a tener una comprensión justa del valor y significación sintéticos de las ciencias, sobre las cuales entendemos que existen tan falsos conceptos como inseguras nociones. Porque hay que decir también, ya que es el tiempo, que nuestro infantil e impreciso liberalismo de que tanto alardeamos en todas partes, entre otras cosas, nos ha hecho cambiar de fetiques; y si hoy no hablamos ya de soberanía popular, libertad absoluta y otra infinitud de maravillas no menos necias y vanas, hoy los mejores de entre los nuestros solo creen en la ciencia y para ellos todo interés de la vida está en ella; y es tal el exceso de su sentimiento, que basta que una cosa tome cierto aspecto teórico y sistemático, para que ante ella las más graves cosas de la vida, pública o privada, menoscaben su importancia y no se las cuente más por nada. Es lo que hemos llamado el fetiquismo científico, especie de bovarismo muy particular a estas tierras nuevas, donde todo lo europeo se refleja como un miraje lejano, desproporcionado y, por consiguiente, falso. Desdichadamente para el género humano, la ciencia no es todavía lo que muchos creen o sueñan que es.

8 de septiembre de 1910

CAPÍTULO XLVI

Lo primero que encontramos es una tierra extraña y difícil, raramente comparable en la geografía general, rodeada de extraordinarias condiciones geográficas y políticas que a primera vista la condenarían a una irremediable inferioridad histórica.

La tierra es magra, vasta y solitaria. Son altas y dilatadas llanuras de un clima extremado y rudo para la vida del hombre, de los animales y de las plantas, y que a una salvaje grandeza de paisaje unen la más extrema carencia de los primeros elementos de vida. El aire falta por razón de la grande altura, el fuego falta porque no hay qué quemar, el agua falta por la natural sequedad del cielo y la aridez de la tierra. En ninguna parte se siente menos la dulzura de vivir como en estas altas mesetas; sin embargo se vive. Estas tierras están rodeadas de colosales montañas escarpadas que son como fortalezas naturales, y también como naturales prisiones. Efectivamente, si el acceso es difícil, la salida a través de los montes lo es también. El mar, los caminos húmedos de que habla Homero, y por los que parece que han corrido siempre de preferencia los grandes movimientos civilizadores y culturales de la historia, el mar está tan divorciado de estas tierras, por la colosal masa de montañas que los separa, que antes, como ahora mismo, es más fácil ir de costa a costa del océano, que de estos altiplanos a las costas.

El aspecto exterior de estos países revela enseguida la naturaleza del medio en su sentido histórico. Lo primero que se muestra es la grandeza del paisaje y la inmensa soledad del ambiente. Luego, del conjunto se desprende un vago sufrimiento, que no es más que la traducción de la gran dificultad de la vida bajo de aquel cielo. El mar social y comercial está lejos; los valles cálidos y feraces están lejos, y la esperanza de una vida mejor está lejos. Tal es al menos la impresión que se desprende de aquel desmesurado aislamiento en lo alto de esas montañas.

La vida vegetal o animal en aquel medio demanda condiciones extraordinarias para persistir y mantenerse. Las plantas extranjeras faltas de ellas perecen enseguida trasplantadas a esas tierras; y lo que sucede con los vegetales sucede también en cierta medida con los animales y con el hombre, que, sin embargo, es más ubicuo.

Sin embargo, hay una raza de hombres nativa en estos planos, y que parece perfectamente adaptada a ellos. Si como se cree fueron estirpes venidas de otra parte, es fácil suponer que el trabajo de adaptación y aclimatación debió ser secular y considerable; pues al momento que aparecen en la historia, esa adaptación está consumada, y esos hombres hacen parte ya de ese suelo y es la gente natural y nativa de la región. Esa tierra es ya una patria, en el sentido histórico.

Aquí encontramos la verificación de las leyes antes indicadas. La raza en cierto sentido es el producto del medio. Para penetrar en aquélla hay que entrar en éste; y es la cosa más extraña y admirable cómo se vuelve a encontrar la misma tierra hecha hombre y raza. El alma de la tierra ha pasado a ésta con toda su grandeza, su soledad, que a veces parece desolación, y su fundamental sufrimiento. Lo mismo que esos altiplanos, el alma humana está como amurallada de montañas, y es impenetrable e inaccesible. Ahora bien, se sabe que si el aislamiento continuo es un mal elemento de sociabilidad humana, en cambio es un poderosísimo resorte para el desarrollo de la personalidad y de la individualidad. La razón es que el aislamiento continuo obliga a vivir en sí mismo y para sí mismo. No otra cosa tiene el poderoso individualismo inglés que el aislamiento insular británico; y ya Tácito lo notaba en su tiempo, a propósito de Agrícola. Y así también en el indio. La soledad andina se ha convertido en soledad aymará, y la continuidad de este estado ha hecho un trabajo de concentración de las fuerzas psíquicas de la raza sobre sí mismas, que al cabo de los siglos ha llegado a modelar los caracteres morales más típicos y marcados. El aymará representa una enorme concentración de energías interiores, tan excesiva, que probablemente ha sido en desmedro de otras facultades humanas, tales como la inteligencia, que demanda una mayor expansión y dilatación de la vida. De aquí el espíritu claustral de la raza que se acusa a pesar del contacto español. Esta concentración y retroversión de las fuerzas psíquicas del indio sobre sí mismas ha engañado y sigue engañando a todos los miopes que la consideran inferior y en un estado de depresión irremediable. Se habla de bestia humana, y este criterio es imbecilidad pura y genuina. El indio es un deprimido aparente y un comprimido real. Guardaos de un desdoblamiento de fuerzas y un despliegue de actividad en el indio. No se puede poseer, entre otras cosas, la paciencia y la musculatura aymarás, sin ser algo verdaderamente superior y extraordinario. La tierra excepcional ha hecho también una raza excepcional. Pero el indio calla, y este callar engaña a los necios. Aquí se manifiesta otra vez la ley del medio. Todo el silencio andino ha pasado también al alma india. Nada hay menos verboso interior y exteriormente que el indio, y es otra semejanza con el silencio británico. De tanto callar acaba el indio por no hablarse ni a sí mismo. No ha existido jamás para el indio esa continua distensión y dispersión de esfuerzos mentales, que es en lo que consiste nuestra moderna intelectualidad y de cuyo abuso dimana probablemente la degeneración nerviosa de que sin duda está ya afecto el mundo europeo. Esa desagregación cerebral en que muy probablemente consiste el pensamiento, y que si es un ejercicio, es también un desgaste, no ha tenido lugar aún bajo el cráneo aymará, y se puede decir que es todavía un encéfalo intacto e íntegro. Imaginad cómo una función sabia y gradual desarrollaría el órgano.

11 de septiembre de 1910

CAPÍTULO XLVII

Un endurecimiento gradual de todos sentimientos ha debido ser el proceso vital para el hombre en ese medio. En la pobreza general y ambiente, los hábitos de sobriedad y de mínima suficiencia comenzaron por ser una necesidad, y la lucha desigual del hombre con las cosas, le enseñó poco a poco a desconfiar de todo lo que no fuese su propio esfuerzo. La tierra hostil hizo la raza desconfiada. Ese suelo de una manera constante ha exigido más del hombre que cualquier otro. Para poder obtener de él un provecho o una ventaja era precisa una doble suma de voluntad y de acción más que en las tierras bajas donde la naturaleza es más fácil y parece sonreír más piadosamente al hombre. Y es esta continua dureza de la existencia que ha acabado por hacer la dureza del carácter. Pronto se hace éste indómito e indócil a todo yugo extranjero, y adquiere cierto aire de salvaje independencia en medio de su inopia y de su abandono. Históricamente resulta que el colla ha sido siempre rebelde a toda sumisión, y hoy, en medio de la constitución republicana, el divorcio en que vive respecto al blanco, en parte es incomprensión de éste, en partes es voluntario alejamiento suyo.

Pero este endurecimiento del carácter concuerda con la dureza corporal del indio, La naturaleza moral no es más que la resultante de la física. La terrible lucha con el medio ha sido el más poderoso ejercicio físico; y es él que ha contribuido a desarrollar la musculatura más naturalmente vigorosa y sana de que el indio beneficia. Pocos placeres, pocas satisfacciones y un continuo trabajo no siempre recompensado: tal ha vivido el indio. Entonces su sangre ha adquirido naturalmente un vigor tal que hoy mismo, en que la raza está caída de su primitiva grandeza, es un asombro para el blanco la manera cómo puede resistir tan extraordinariamente para ciertos trabajos desproporcionados sin duda a la alimentación y al abrigo de que el indio habitualmente se sirve. Sabemos que no hay entre nosotros soldado blanco que resista las fatigas de la guerra como el soldado indio. Es un vigor que parece inagotable y una energía a toda prueba. Ahora bien, es el medio que ha dado al indio esa sangre a todas vistas superior. La continua rudeza del medio ha acabado por hacerse fortaleza racial. Paralelamente se encuentra la ausencia de vicios opuestos a una naturaleza así. La cobardía, la mala fe, la molicie no existen, como tampoco existe la pereza física que provive de una sangre empobrecida o degenerada. Ciertos hábitos dietéticos, grandemente simples y naturales y que contribuyen a mantener una salud física superior, se conservan entre los indios invariables: el indio es madrugador, no trasnocha jamás, come siempre igual y a horas determinadas, desprecia la intemperie y se expone constantemente a ella, y en medio de la real y antihigiénica suciedad en que vive, posee la mejor salud física que hay en la república. Si a estas costumbres sabias cuanto cabe se añadiese por una educación inteligente nuevos hábitos, como el de la higiene de la piel, por ejemplo, se podría alcanzar indudablemente resultados incomparables. Desgraciadamente, los que se ocupan del indio —cuando se ocupan— solo ven su pobreza y su incuria exterior, y nunca las admirables condiciones de sus costumbres, de su naturaleza física y moral que hacen de él uno de los factores humanos más ricos y considerables que puede ofrecer la historia.

Los vicios morales de las razas no son más que resultantes de vicios físicos; y este es el criterio con que estudiamos las condiciones morales del aymará. Se ha hablado y se habla del alcoholismo indio, y los calumniadores de la raza se engañan y han engañado a pensadores extranjeros como Unamuno, ignorando como ignoran el fondo mismo de las costumbres del indio, o fiándose de apariencias ridículas que bien estudiadas irían más bien en ventaja del indio. El alcoholismo indio no existe en las campiñas, o existe en grado mínimo. Donde el alcoholismo indio comienza a aparecer es en la proximidad de las ciudades de blancos y mestizos. El indio arrancado a su campo de labranza que pide siempre un continuo e isocrónico trabajo, y aproximado a las costumbres y hábitos del blanco demasiado conocidos de nosotros para volver a describirlos aquí, comienza también a perder sus sanos hábitos y a adquirir los viciosos, y entre otros, la inclinación a beber y a no hacer nada. Esto es patente e incontrovertible en los indios de los extramuros de todas nuestras ciudades. Allí, en verdad, el indio ya es borracho, y lo es por imitación y por contagio. Sus costumbres también cambian de las del altiplano rígido. El espíritu chacotero y poco grave del blanco, comienza ya a mostrarse en el indio urbano, y éste seguramente trabaja de una manera menos normal y ordenada que el labrador puneño. Sin embargo de esto, el indio urbano, incontestablemente inferior como costumbres, al indio campesino, y ya vicioso de un alcoholismo suficientemente acentuado, sin embargo, decimos, no acusa aún la degeneración física y visible del blanco, el cual sigue siendo inferior a aquél en todo cuanto toca a la resistencia física y corporal. En este punto, por borracho que sea el indio, vale siempre más que cualquier blanco nativo. Es posible que en el curso del tiempo, y si no se contiene oportunamente el alcoholismo indio, acabe por producir toda la secuela de tristes consecuencias que se atribuyen al vicio de beber; pero entretanto es absurdo pretender encontrar huellas de degeneración alcohólica en ningún indio boliviano. Basta preguntarse dónde están las enfermedades mentales y nerviosas entre los indios; cuántos casos de locura, de imbecilidad, de atrofia muscular (¡atrofia muscular!), de degeneraciones grasosas en los tejidos internos, de parálisis y neurosis multiformes, etc., etc., se presentan en individuos nativamente indios. Eso no existe. Que el indio se emborracha como una bestia, es verdad, lo mismo que nuestro blanco, y no se emborracha más ni mejor que el más orgulloso inglés; pero pretender que ya hay un alcoholismo indio como hay un absintismo francés, con todas sus consecuencias degenerativas, es la más famosa falsedad de nuestro tiempo. La verdad es esta: el alcoholismo comienza recién a ser un vicio indio por contagio del blanco, y comienza recién a manifestarse en las proximidades de las ciudades blancas y mestizas. En cincuenta años más tal vez su estrago comenzará a dejarse sentir en la raza recién enviciada.

13 de septiembre de 1910

CAPÍTULO XLVIII

Los dos rasgos fundamentales de nuestro carácter nacional son la persistencia y la resistencia.

Hemos indicado ya lo más sumariamente posible las fuentes de este carácter, y hemos insistido en la necesidad de buscarlo primero en el medio físico en que, si no ha nacido, ha vivido y generado la raza. Después, en la raza misma. Y justamente es del estudio del cuerpo y enseguida de las manifestaciones morales e intelectuales de la raza que hemos deducido estas consecuencias. Suponemos que, bajo el punto de vista metódico, este procedimiento es rigurosamente científico. Veamos un poco si los hechos confirman nuestra teoría.

Aceptando, como aceptamos, que por la fuerza de las cosas el fondo principal de nuestra nacionalidad está formado en todo concepto por la sangre autóctona, la cual, como hemos visto es la verdadera poseedora de la energía nacional, en sus diversas manifestaciones, venimos a que: la raza posee caracteres físicos suficientemente distintos y marcados para constituir personalidad aparte. Verdad es que el negro y el malayo poseen también caracteres suficientemente distintos y que este hecho no basta para establecer, como pretendemos establecer de nuestra parte, la existencia de una verdadera superioridad racial, superioridad que ofrezca los bastantes elementos para edificar sobre ellos pedagogía, educación y todo lo que consigo comporta la formación de una nacionalidad, en el más alto sentido de la palabra. Pero aquí encontramos justamente el punto crítico y admirable. La raza posee una tal fuerza de persistencia física, a través de la historia y de los mestizajes que es probable que ninguna otra raza la posea en grado superior. El indio no solamente ha persistido como grupo étnico, a pesar de cuatro siglos de historia hostil y destructora para él, sino que ha salido también victorioso de la más terrible de las pruebas que se puede imponer a una sangre: el mestizaje, el cruzamiento. El mestizaje es el más fundamental ataque que se puede hacer a la personalidad y carácter de una raza. Las razas chocan en los campos de batalla y alcanzan victorias siempre efímeras y exteriores. Pero el duelo que se realiza invisible e insensible dentro de las venas de las generaciones, es el que verdadera y definitivamente establece superioridades e inferioridades decisivas para las sangres que chocan. ¡Guay de la sangre que se deje imponer caracteres ajenos a su fruto y su generación por la sangre enemiga con que se ha mezclado! Es la prueba más evidente que en la lucha por la vida, en el campo del cruzamiento, la sangre que sobrenada y resurge con sus propias lineas y formas, por encima de las extrañas, es la más fuerte, la más apta para vivir, la más capaz de conservar su tipo y su ley, y la más persistente. El cruzamiento es un verdadero duelo de sangres, un parangón, una comparación. En este punto se ve la verdadera inferioridad del negro respecto de las otras razas. A pesar de poseer caracteres tan típicamente aparentes, la superioridad de la sangre blanca sobre el negro se hace indiscutible en el cruzamiento. Apenas se produce éste enseguida se ve en sus mestizos los caracteres blancos imponiendo poderosamente sus propios rasgos, y a pocas generaciones esta imposición ha ido tan rápidamente y tan en aumento, que pronto la sangre negra desaparece en sus manifestaciones físicas. El aymará no. La fuerza personal de su sangre es tal que, sea con quien se cruce, sus caracteres físicos persisten de tal manera que solo a la tercera o cuarta generación comienza a verse una seria desviación del tipo primitivo. La primera generación de blanco e indio acusa la más perfecta derrota del blanco. Este primer mestizo es casi totalmente un indio, por lo que toca a sus caracteres físicos. Un cincuenta por ciento de estos caracteres, que deberían acusar su origen blanco, desaparecen ahogados y vencidos por los rasgos indios. Talla, color, facciones, proporciones, todo es indio, y el blanco que concurrió de mitad a esta generación, no está más o por lo menos no se le descubre. Esta es la fuerza de persistencia de la raza; y bajo el punto de vista biológico, este es también un signo seguro de las razas destinadas a reinar en el mundo sobre las más débiles. Naturalmente nuestros cretinos de piel blanca o semiblanca, no han soñado todavía con esto y no saben aún la formidable mina de energía que existe en Bolivia. Pasemos.

Esta es la causa altamente científica que ha presidido a la formación de nuestra nacionalidad. Ya los europeos inteligentes que nos han visitado comienzan a darse cuenta de este estado de cosas; y sin descubrir todavía esta gran superioridad de las sangres autóctonas (aymará) que no solamente ha sobrevivido a la espantosa colonia, sino que ha impuesto también su ley fisiológica a todo elemento blanco que se le hubiese aproximado; sin haber medido todavía, ni intuitivamente esta enorme fuerza vital, ya indican sin embargo la posible o próxima hegemonía étnica, en la América del Sur, de las sangres autóctonas,

al menos de una manera indirecta, en cuanto aparece predominantemente en los elementos mestizos que comienzan a ser verdaderos valores políticos, sociales y otros. Según ciertos viajeros, la América del Sur no es cosa destinada a blancos ni indios precisamente, sino a mestizos. Son ellos que acabarán por ser los definitivos señores del continente sur. Históricamente es ya una realidad en ambos puntos. Los Díaz, los Melgarejo, los Guzmán Blanco, los Castro, los Rosas y otros más, buenos y malos, sabios o salvajes, grandes o grotescos, pero todos dominadores, vencedores y hegemónicos, todos tienen la marca mestiza en la frente, y la energía que representan es de origen indio —es la sangre india que resurge sobre la sangre advenediza y aventurera. Porque es preciso también saber que la sangre blanca, en Suramérica, por lo menos de la colonia, no es otra que una de mendigos hambrientos, descastados y feroces, y que su real y positiva inferioridad biológica que se acusa en toda su historia, no es más que una prueba más que justifica y confirma su derrota irremediable en los mestizajes y cruzamientos. La verdadera nobleza, la calidad de eugenés que decían los griegos, y de bien nacido, como dicen los españoles de casta; la superioridad de energía y de vigor, estaba como está en el autóctono de América, ante quien el colono hambriento y desnudo, bajo el punto de vista de la superioridad humana, representaba una manada de ilotas y chandales desenfrenados, puesta al frente de grandes señores sorprendidos y estupefactos.
14 de septiembre de 1910

CAPÍTULO XLIX

Esta primera forma del carácter nacional, la persistencia, y que hemos visto resaltar prominentemente en el lado físico de la raza, también se traduce en su lado moral, y es signo típico y constante que marca toda su actividad y la condiciona. La persistencia morfa-racial deviene persistencia práctica y dinámica. No solo es el cuerpo que persiste histórica y fisiológicamente hablando; también el hombre interior, es decir, la voluntad, la intención, la acción humana por excelencia, persiste característicamente. El indio quiere con la misma constancia que perdura. Su permanencia en el espacio está de acuerdo con su voluntad en el tiempo y esta manera de concebir la psicología del indio explica muchas cosas de su vida y muchos puntos de su historia. Así, esta es la causa principal por qué el indio ha conservado a pesar de todas las influencias extrañas y los ataques exóticos, una personalidad muy más interesante a los ojos del filósofo y del sociólogo, que la de todos aquellos a cuyo lado convive. Porque el indio, como todas las grandes razas, es un conservador, es decir, que en la congregación de la vida, se prefiere a sí mismo y prefiere su propia ley de vida a cualesquiera otros, teniendo como tiene una especie de noción subconsciente de su verdadera superioridad. Desconfiad de la superior personalidad de una raza que se diluye fácilmente en otra. Como tampoco nadie ha hecho por quitárselas, el aymará guarda sus costumbres, sus métodos, sus tradiciones, su dieta, su lengua, su grande y asombrosa lengua, que es como un castillo de piedra en que se encierra su rudo y personalísimo espíritu. Porque hay que advertir también que no es el aymará que ha ido al español, sino éste a aquél, y que son los otros quienes aprenden la lengua india, y no el indio la de los demás: otro punto de similitud general con el inglés, similitud que se explica en ambos solo por la grande e indeleble personalidad de razas. Una grande sangre sabe inconscientemente que solo puede perder mezclándose, saliendo de sí misma y prodigándose. Esta persistencia que es la forma más aguda de la acción aymará se manifiesta en todos terrenos, pero sobre todo en aquellos que demandan particularmente una virtual constancia y perseverancia. Así es la guerra; y resulta que el alma aymará combinada con el suelo aymará ha llegado en todo tiempo a ser la más completa defensa que se pueda dar. Es el alma invencible sobre la montaña inexpugnable. De aquí que el boliviano debe considerar siempre todo ataque vecinal a su *home* central como un sueño ridículo y desastroso para quien lo tiene. Los más astutos de nuestros vecinos se han guardado siempre de ello; y los que no, han perecido. Esto es bastante para explicar la historia y para preparar el porvenir.

Esta persistencia característica viene también del grande dominio personal que el indio posee. Si por libertad e independencia se entiende el ser en la mayor medida y proporción dueño y señor de sí mismo, en medio de nuestra democracia un poco grotesca, el indio es el que mayor suma de libertad posee, en el sentido subjetivo, que es el más alto, en el caso dado. La constitución de la familia y la educación individual son verdaderamente admirables. Otros paralelos: solo en Inglaterra se ve a los muchachos independientes y autónomos desde los dieciocho años, reglando por sí su persona y su porvenir, empeñándose en trabajos del todo libres, emprendiendo viajes considerables, y comenzando, si no acabando, por bastarse a sí mismos. Solo en Inglaterra se ve a las muchachas, desde la edad núbil, libres de darse a quien les plazca, y no en un sentido prostitutivo; pues la fidelidad femenina se distribuye tan ventajosamente para la india, que puede decirse que es total y absoluta, mientras que en la chola es inferior, e ínfima en la blanca. Comparad estas condiciones con la extremada dependencia filial de nuestras otras familias, organizadas, diríase, sobre patrones totalmente franceses. Y la cuestión es que aquí el hijo es más esclavo de sus vicios, y necesita incondicionalmente de sus padres para mantenerlos; mientras que el indio es más señor de sus virtudes, y está más en aptitud de darse el lujo de llamarse libre, lo que no puede el blanco, esclavo de sus vicios y prejuicios. Es patente el agónico esfuerzo de las naciones meridionales generalmente llamadas latinas, para aproximarse al ideal y al tipo sajón, bajo el punto de vista de la educación. Este ideal y este tipo puede concretarse: fortaleza física y formación de una personalidad interior. Sustancialmente el indio no tendría gran cosa que aprender del sajón, y tal vez más bien algo que enseñarle...

Y ahora tendiendo una mirada retrospectiva a nuestro estudio, considerad un poco lo que estamos proponiendo como fundamento de la pedagogía nacional, y considerad también nuestro clásico cretinismo pedagógico, con todo su aparato de universidades, escritores, leyes, métodos, comisiones al extranjero, con más los millones que todo este parasitismo ha devorado desde hace un siglo!

No terminaremos este artículo sin insistir sobre esta trascendentísima persistencia característica de la raza. Es una forma de energía muy especial. En la lucha por la existencia ese carácter es más de conservación que de expansión. No siempre está seguro de vencer; pero sí de no ser vencido jamás, como criterio general y *a priori*. De la misma manera que la raza está segura de permanecer en la historia natural, tiene una confianza previa de perdurar en la historia política. Esta es una fuerza, y el hombre de estado se pregunta hasta qué punto se puede esperar y tentar la aplicación de ella a nuevas formas y direcciones de vida nacional. Se pregunta si la ciencia de gobernar estada verdaderamente en posesión de medios para hacer evolucionar esta especial y propia energía por nuevos caminos y hacia fines preconcebidos.

15 de septiembre de 1910

CAPÍTULO L

Esta persistencia en el lado positivo del carácter nacional, significa una poderosa afirmación de sí mismo, la perseverancia en su propio sentido, la constancia de su propia ley histórica y biológica. Y en tal concepto, el carácter nacional se identifica con la raza misma y no es más que una forma dinámica de la misma: la ley biológica no es más que la materia étnica en su forma energética. Y este es el verdadero fundamento y última razón de la energía nacional.

El lado negativo de este carácter nacional es la resistencia.

Es así como las calidades positivas de un alma racial afirmándose exclusiva y excesivamente pueden dar nacimiento a calidades de orden negativo. Por la naturaleza del medio que, como hemos visto, ha pasado a ser naturaleza racial, el fondo aymará resiste a toda influencia exterior, benéfica o maléfica. El alma india es un alma replegada y revertida sobre sí misma. La actividad exterior del mundo solicita al hombre, y la vida toda es cambio e intercambio: el indio está como cerrado, y si llega a dar, nunca llega a darse. Esta clausura ideal y sentimental en que vive el indio se traduce pronto en una especie de inasimilabilidad de todas cosas e ideas vivificantes que pueden venir de fuera, como en efecto vienen. Los demás hombres obran y sienten; pero el calor de esta obra y de estos sentimientos no llega o llega muy poco hasta el bronce helado que es el indio interior. Uno se pregunta si esta inaccesibilidad es de origen geográfico, orográfico, para el indio, o más bien característico o propio de su naturaleza. ¿Se hace el indio más accesible, más imitativo y sociable, y asimila mejor apartándose de las sierras impenetrables y bajando a los llanos o las costas más populosas y abiertas? ¿O lleva consigo a donde vaya y donde baje su genio reconcentrado y amurallado, su soledad interior que no se rompe en el bullicio nuevo, y esa especie de voluntad silenciosa y orgullosa de ser y quedarse lo que se es y como se es? Es posible que ambas causas sean verdaderas en parte, tanto más cuanto que hemos aceptado en qué medida el medio contribuye a formar y mantener el carácter racial. En todo caso, aceptamos que el indio resiste, y esta es una flaqueza bajo el punto de vista evolutivo de raza. Es también un signo característico, y lo bastante trascendente para tenerlo siempre en cuenta y considerarlo un factor negativo e intrínseco que puede influir suficientemente en la historia para determinarla y motivarla.

Es preciso conocer los límites y la condición de esta resistencia característica. Esta investigación demanda un trabajo todo experimental y altamente complejo. Son trabajos de ensayo y de comprobación sobre el carácter y reactividad morales del indio; y es sobre todo en el campo instructivo y educativo que deben desarrollarse. Será preciso investigar las diferentes manifestaciones de resistencia, ya para la adquisición de nuevas costumbres, que sin duda es la parte más grave y trascendente, ya para la aceptación de nuevas nociones y concepciones. La resistencia característica no debe ni puede ser igual para todo y para todos. El indio debe resistir más tenazmente a ciertas influencias que a otras; y probablemente llegará a aceptar más pronto y más fácilmente aquellas novedades que no estén en un muy grande desacuerdo con su naturaleza primitiva. En este sentido un psicólogo y un gobernante superior tomarán siempre por base de acción en el indio las calidades positivas de su carácter para poder obrar eficazmente sobre o contra las negativas. No hay que olvidar que el indio es una máquina humana altamente simple y poderosa. Sus mismos vicios (que los tiene ingénitos y adquiridos) no aparecen a una atenta observación más que como resultantes de la excesiva acentuación de sus virtudes y como las equivalencias irremediables e inevitables que acompañan a toda manera de ser suficientemente característica. Con todo, estos dos rasgos fundamentales del carácter nacional, la persistencia y la resistencia, y que se pueden traducir, el primero como la manera de ser del alma nacional respecto de sí misma; el segundo, como su manera de ser respecto de los demás; ambos, decimos, brotan tan de lo íntimo de la raza, que probablemente nada hay más constante y permanente en ella. El indio resiste con la misma tenacidad que persiste. Entonces, tratándose de la provocación de un movimiento evolutivo en el indio mismo, es cuestión de tan difícil solución, que demanda no solo la ayuda de toda la buena ciencia europea, sino la concurrencia de una cabeza muy superior, no solamente rara en nuestro paupérrimo medio, sino en la misma Europa. Esta resisten da en las actuales condiciones de nuestra nacionalidad, es una fuerza contraria con que nuestro múltiple esfuerzo de pensadores y gobernantes tiene que luchar. Y la lucha es tanto más difícil cuanto que hemos verificado en el fondo del indio una grande suma de energía, que en el caso dado, le sirve también para resistir.

Era preciso conducir el presente estudio, que no es otra cosa que la evolución de nuestras fuerzas nacionales, hasta este punto, en que recién aparecen, como miradas de una eminencia, todas las líneas generales de lo que muy al principio hemos llamado el carácter y la energía nacionales. Y es recién ahora que podremos pretender a establecer direcciones finales, cuando se trata de nuestra pedagogía o de cualquier otra faz de nuestra nacionalidad. Unas pocas líneas más, y nuestra labor estará cumplida.

16 de septiembre de 1910

CAPÍTULO LI

Y la energía nacional está hecha de todos los elementos positivos y negativos que aparecen en el carácter nacional. Entonces, era preciso enseñar a conocer primero éste, si se pretende, como pretendemos, instituir todo arte, toda ciencia y todo gobierno pedagógicos en resortes y despertadores de esa energía nacional. Pues es preciso comenzar a darse cuenta ya de que el boliviano, sobre todo a la nueva luz de nuestras investigaciones y estudios, y sobre todo aquel que forma el fondo mismo de la nación y de la raza, aquel que está destinado a hacer la nacionalidad misma —el boliviano, decimos, es una entidad aparte, tanto más especial y distinta, cuanto más profundos y personales rasgos característicos acusa en todas las manifestaciones de su vida, pública como privada. Y es vano el sueño de los bovaristas distribuidos en todos los compartimientos de la administración y de la instrucción pública, pretendiendo hacer del boliviano todos y cada uno de los tipos de superioridad humana que se encuentra fuera de Bolivia. Es así, por ejemplo, como continuamos insuflando en el espíritu de nuestras generaciones, la manía del arte, y es justamente aquí donde la ignorancia de nosotros mismos y la más completa indirección de nuestras ideas se manifiesta escandalosamente. No se hable de música, de pintura, de escultura, arquitectura u otras artes inferiores y múltiples, tratándose de los cuales la ignorancia es tan completa, que no existe ni una lejana noción de todo ello. Y así también para la orfebrería, el grabado, las artes escénicas y coreográficas, la decoración, la declamación, el arte de bien decir, el mueble, el vestido, etc., todas artes secundarias de cuya cultura no existe ni el más lejano rudimento entre nosotros. Es cosa infinitamente grotesca oír juzgar a nuestros más fichados personajes de artes grandes y menores, o encontrar a nuestros pseudoartistas arrastrando su insondable inepcia y su más completa impreparación a través de museos y academias europeas, soltando gravemente juicios ajenos y lugares comunes.
Pero vengamos al arte de escribir que es el que parece prosperar más y el que nuestra añeja educación parece favorecer y fomentar mejor. Hay tal carencia del sentido de este arte y no solo en Bolivia, sino también en la mayor parte del continente, que es un asombro no poder encontrar durante siglos de literatura sino rarísimas páginas —*rari nantes*—, que realmente se puede leer sin violencia y sin disgusto. En los más lo que se revela enseguida es la más

completa pobreza mental. Son prosas y versos en que hay el pensamiento de todos menos el del autor. Asombra hasta dónde puede llegar la infecundidad mental. En otros en que parecería existir alguna materia propia, la falta de cultura es tal que todo género de vicios intelectuales anula o daña la producción. Es la indisciplina y desorden de las ideas, la confusión, lo incompleto o indigesto de los conocimientos, la inexperiencia en el manejo de las nociones generales y —vicio fundamental— la falta del propio dominio en la personalidad intelectual. Luego viene otro género de deficiencias morales. Pues hay que saber que existe también una moralidad del arte, y que no se refiere, como muchos de nuestros lectores lo interpretarán a primera lectura, a los efectos moralizadores y correctivos del arte mismo, sino a la naturaleza íntima del artista mismo, del escritor en el caso, a la manera virtual con que funciona su inteligencia, en cuanto se busque en ella la dignidad, la independencia y el señorío personales. Esa superior moralidad tampoco existe en todo nuestro arte de escribir. El contraste de nuestra vida exterior con la mental es ridículo a fuerza de excesivo. El espíritu de nuestros matasietes sociales y políticos aparece sobre el papel impreso tan desgarbado y sin donaire, tan pobre y tan servil que es cosa que mueve a risa. Siendo el arte de escribir, como todo arte, un arte de formas, y careciendo como carecemos totalmente de la noción y posesión de éstas —resulta que todas nuestras prosas y nuestros versos son pedantería insustancial, caricatura literaria, desproporción formal, y —lo típico— pobreza mental, inelegante e incurable.

He insistido sobre este punto: 1.º porque he querido buscar un ejemplo para probar mi teoría sobre que la raza no es apta para todas cosas y aprendizajes; 2.º porque esta particular deficiencia en nuestra naturaleza especial se complica y acentúa con un vicio correlativo y excesivo, cual es la manía artística, literaria en el caso, fomentada por la tradición insensata y por leyes más insensatas todavía. Nuestros bovaristas están convencidos de que el boliviano puede ser todo: artista, pensador, profesor, comerciante e industrial, legislador y todo el léxico epitético. ¡Y en esta ilusión se gasta el dinero, y algo mejor, la energía y el tiempo, lo irreemplazable y lo irreparable! ¡Pero abrid los ojos! Mirad un poco en el fondo de nuestra nacionalidad; buscad primero cuál es la parte de esta nacionalidad la más rica y mejor dotada bajo el punto de vista de la energía y de la natural disposición. Buscad primero dónde está la estrofa prima de toda evolución y de todo trabajo; estudiad enseguida las condiciones de la misma, y ved si realmente es capaz de dar incondicionalmente todas las formas que neciamente exigís de ella; estudiad luego las condiciones propias de esta estofa prima y sus leyes, para deducir la especie de actividad y de acción que puede rendir con mayor ventaja y con mejor acuerdo de su propia naturaleza; y entonces eliminad de vuestros procesos y teorías todo lo superfluo, lo injustificado, lo infundado, lo inútil y lo sin objeto. Y esto se llama educar y esto se llama gobernar.

17 de septiembre de 1910

CAPÍTULO LII

Y saliendo un poco del terreno estrictamente científico de las simples comprobaciones y verificaciones, y entrando en lo hipotético y lo probable —conforme a las observaciones acumuladas en el presente ensayo, el primero en su carácter en Sudamérica—, tal vez nos sería lícito proponer lo que esperamos y suponemos que una educación según nosotros podría llegar a dar en este ingrato y amado suelo boliviano. Repudiando siempre la estúpida idea de hacer del boliviano aquel famoso ramillete de maravillas pedagógicas de que ya hemos hablado, ha debido ya entreverse lo que tras una educación sabia esperamos nosotros de nuestros diversos elementos populativos. Es posible que en estas suposiciones y suputaciones de lo que puede ser el porvenir educativo, haya error de nuestra parte; no somos profetas; pero en la medida de una inducción sabia y cuerda, podemos decir:

Las condiciones totales e integrales de nuestro indio autóctono, que es el más considerable y el más rico de nuestros elementos populativos, no le habilitan para ser el objeto de una pedagogía integral y comprensiva a la europea, como muchos pedagogos pretenden. ¿Qué se debe hacer del indio? Su tradición y su natural inclinación le llaman hacia la tierra. Será siempre un agricultor de buena voluntad, mucho más si llega a conocer los modernos procedimientos. La fortaleza de su cuerpo lo capacita para ser un excelente minero. Su gran sentido de régimen y de disciplina, su profunda e incomparable moralidad hacen del indio un soldado ideal, probablemente como no existe superior en Europa. Soldado, minero, labrador, esto es ya el indio, y lo es de manera inmejorable, en cuanto puede serlo alguien que lo ignora todo, y de quien nadie se cura sino para explotarle. Una educación sabia debería desarrollar estos tres tipos de hombre en el indio. Una educación así sería secundar las vías e intenciones de la naturaleza, fundarse en hechos existentes ya, y principiar por realidades palpables, y no por idealidades plagiarias y bováricas. Después —aquí entramos en lo hipotético y probable—, siguiendo por años el curso sabio de una educación así podríamos obtener del indio ciertos tipos de hombres especiales y de acuerdo siempre con sus calidades maestras. Su resistencia corporal y su paciencia nos darían excelentes exploradores; su sentido estricto de las realidades y su carencia innegable de imaginación nos daría matemáticos de primer orden, constructores e ingenieros; su paciencia y su espíritu metódico —el indio es lo más admirablemente metódico que existe en América—, nos daría incomparables maestros de escuela; su natural disciplinario y obediente nos daría excelentes sargentos, lugartenientes y subjefes, y más tarde tal vez tácticos y capitanes; y más tarde aún, las grandes cualidades fundamentales de la raza, el propio dominio, la suficiencia, la voluntad silenciosa e indomable y cierta dosis de fatalidad superior que comporta consigo toda cabeza hegemónica, y que posee el indio indiscutiblemente, harían que éste nos dé hombres de estado, gobernantes y grandes patricios. En este sentido, Santa Cruz es un verdadero *representative man* de la raza. Esto y nada más o muy poco más creemos que se podría esperar y tratar de hacer del indio. El resto de inepcias pedagógicas a la francesa y a la suiza, que querrían nuestros bovaristas desarrollar en el indio, no es cosa ni de tenerse en cuenta, viniendo como vienen de la más perfecta ignorancia e impreparación pedagógicas y otras.

¿Qué se debe hacer del cholo boliviano? Hemos visto que éste es sobre todo una inteligencia. Ya hoy mismo puede ser un excelente artesano, buen comerciante (la chola tiene un admirable talento comercial) y hábil obrero manual. Una sabia educación puede hacer de él diversos tipos de hombre de acuerdo siempre con su fundía] naturaleza. Su natural inteligencia, despierta y fácil, nos dará abogados, médicos, profesores, escritores y toda suerte de profesionales que trabajan y producen más con sus facultades mentales que con cualquiera otra. Más tarde, dentro de un mayor desarrollo educativo, tal vez se puede esperar que dé buenos artistas; pues ciertas calidades que hacen ya del cholo un buen artesano —la fácil comprensión, la imitatividad acentuada, cierta sensualidad intelectual que comienza ya a apuntar, etc.—, llegarían sabiamente desenvueltas a provocar tal vez verdaderos temperamentos artísticos. En cambio, hay que encerrar, ahora como siempre, al cholo en un anillo de hierro disciplinario. Este es el punto prominente de toda pedagogía mestiza. Este es el lado débil de su educación, y nunca llamaremos suficientemente la atención de pedagogos y gobernantes hacia él. Nuestro mestizo, como elemento pedagógico, es tan fluido y tan instable, que se escapa siempre de toda regla y se pierde así. Nadie más que el cholo necesita de una educación moral, de una refección de costumbres, de una constante lección para formar el carácter y vigorizar la voluntad. Es una naturaleza floja, incoherente, desordenada. Su vicio fundamental: la pereza. Para obrar sobre el cholo, una pedagogía sabia debe aprovecharse de todos los resortes que su inteligencia ofrece, a fin de provocar en ella motivos de obrar y de reaccionar. Es preciso determinar muy bien las características de su naturaleza, los lados flacos y los fuertes, a fin de aprovechar de éstos para combatir y anular aquéllos. Hay algo radicalmente femenino en la naturaleza íntima del cholo. Es un sentimental y puede llegar a ser con el tiempo un intelectual, para usar de nuestra moderna jerga científica. Y estas condiciones no deben perderse jamás de vista ahora y siempre, porque tratándose de pedagogía, entendemos que son sus condiciones definitivas y permanentes, ya que responden, siempre según nosotros, a estados también permanentes de todo nuestro objeto educativo. Y es en este sentido que todas estas verificaciones tienen en muchos puntos caracteres de leyes generales, y que no es posible emprender trabajo serio de ninguna especie, en el caso, sin tenerlas en cuenta; a no ser que se pretenda seguir haciendo y obrando como se ha hecho y obrado siempre: en vano y en absurdo.

¿Y el blanco? Si aún existe nativo y puro entre nosotros, entendemos que rinde y rendirá siempre tan poco que será muy próximo a nada.

18 de septiembre de 1910

CAPÍTULO LIII. VALOR DE LA HISTORIA

Frecuentemente, cuando se trata de ciencias pedagógicas, se llama, expresamente o no, a colaboración y razonamiento a la Historia, y esto es un tácito entendido de que ella puede y debe traer al estudio materiales de igual orden y especie que cualquiera de nuestras otras ciencias teóricas o aplicadas. Se cree que la historia es una ciencia. Se cree, y quizás sin darse ya cuenta de ello mismo, que se puede deducir de ella leyes y criterios definitivos, como de un tratado geométrico y lógico. Y entonces se hacen deducciones de orden práctico que se aplicarán después a toda materia pedagógica. Grave error si los hubo, y que viene siempre del imperfecto e incompleto conocimiento de las cosas y de las ideas que tienen curso en nuestro mundo.

La Historia no ha sido jamás ni es una ciencia; y es un error ingenuo de comtianos y tainianos pretender sorprender leyes históricas, como se verifica leyes químicas. En rigor, todo hecho histórico queda en sí eternamente desconocido. Los elementos activos que le han constituido no solo escapan en parte o en mayor parte, sino que los mismos pocos que alcanzamos a comprobar, nos llegan siempre tan falseados por el interés, la pasión o el prejuicio, que se puede decir siempre que la más verídica historia es una novela, y el más concienzudo historiador un engañado y un engañador inconsciente. Tucídides o Tácito nos dan su interpretación o su pasión; Bossuet o Michelet su preconcepto o su fantasía. Pero el hecho total, integral, definitivo, no existe en libro alguno, y aun cuando existiese en cierta medida, quedaría siempre la cuestión de que, como las combinaciones elementales que lo han producido, no puede repetirse, tampoco el hecho puede; y entonces la historia no sirve para nada, por lo menos en un sentido estrictamente científico.

¿Cuál es, pues, el valor de la Historia en materia pedagógica? Rigurosamente, nulo. Aquí está el principal fundamento de todos nuestros errores pedagógicos y otros. Se ha creído siempre (mejor, se ha deseado) que porque una cosa ha sucedido en alguna parte también debe suceder en Bolivia. Y esta creencia que no puede ser nunca un criterio y apenas es un deseo, ha esterilizado durante décadas, no solo nuestra educación nacional, sino también toda nuestra vida. Esta ilusión histórica ha absorbido toda nuestra actividad, y no ha dejado más campo a las nuevas fuerzas creadoras de la nueva Historia. Pues hay que establecer que si ésta es toda un encadenamiento de analogías, por lo mismo no es jamás uno de identidades, esto es, la Historia se parece siempre a sí misma, pero no se repite jamás. Pero la ciencia no vive de analogías eventuales sino de leyes permanentes, y tal vez sería más científico y más seguro establecer y aceptar la eterna y constante disparidad de la Historia, que comprobar siempre sus reales y constantes analogías. Esta manera sería más radical y menos engañosa.

Pero nosotros mismos nos hemos servido de la Historia, y hemos juzgado de ella respecto de nosotros y de otros. Esto tiene un sentido relativo. Cuando se habla de leyes históricas, etc., debe entenderse solo como una comprobación o una tentativa de comprobación de analogías más de orden subjetivo que experimental. Pero una verdadera ley que se enuncie como el cuadrado de la hipotenusa, etc., no existe en la Historia, y probablemente no llegará a existir jamás. Seguramente hay en la especulación histórica terrenos y regiones unos menos inseguros que otros. Así, la relación de los medios y del hombre, que es el punto central y más comprensivo de toda investigación histórica. Pero aquí mismo no existe cosa alguna exahuriente y definitiva. ¿Es mejor para el hombre, para una raza, un medio rico y fácil? Puede ser, porque entonces el hombre dispone de mayores y mejores elementos de vida y de expansión; puede no ser, porque entonces esa misma facilidad contribuye a excitar y desarrollar menos las actividades y fuerzas del hombre o de la raza. En este caso sería preferible un medio rígido y pobre, porque entonces el hombre estada obligado a dar más de sí, y la mayor función expandiría más la Historia. Como se ve, todo esto es infinitamente complejo e inseguro.

¿Hay, pues, entonces que renunciar a servirse de toda Historia? ¿Es su valor definitivamente nulo? Científicamente sí; absolutamente no. En materia pedagógica como en otras, la Historia tiene un valor impreciso e intuitivo, pero siempre un valor. Todos se sirven más o menos de la Historia, y no hay cómo prescindir absolutamente de ella; pero seguramente un Felipe II o un Richelieu, con relación a un objetivo dado, se sirve de ella un poco mejor y un poco más. ¿Cuál es el criterio? No existe; sin embargo el hecho está allí. Y este es, sin duda, uno de los puntos más profundos y más oscuros de toda superioridad, ya se trate de gobierno, ya se trate de pensamiento especulativo. Y todas estas reflexiones van a lo siguiente: guardémonos de esta otra forma de bovarismo, esto es, de la ilusión histórica, tratándose de aplicaciones prácticas, y en materia tan importante como la pedagógica. Volvemos siempre a nuestra idea fundamental y maestra: una justa evaluación de todas las cosas e ideas, en la medida máximamente posible, podrá solo garantizarnos contra toda suerte de fiascos. Una justa ponderación de nuestros materiales de vida y de nosotros mismos; la desconfianza *a priori* de toda novedad no siempre eficaz; tener en cuenta más de lo que tenemos, nuestra tradición y nuestro pasado, y apartarnos un poco de este ridículo llamado liberalismo, que nadie sabría definir precisamente en Bolivia, y que solo consta de palabras pomposas y vanas, y ni siquiera son novedades que trajesen el prestigio de tales, y que en el fondo no consiste en otra cosa que en una *debauche* de ideas desorbitadas, románticas, infecundas y casi siempre incomprendidas por la grande masa que es la que más vocifera con ellas.

¿Qué vale todo el liberalismo del mundo ante el trabajo honesto y continuo del maestro de escuela de veras o del pensador honrado que solo busca la verdad?

20 de septiembre de 1910

CAPÍTULO LIV. VALOR DE LA CIENCIA

Sin caer en el exceso de un Tolstoi o de un Brunetihe, se puede sin embargo poner en discusión el valor de la ciencia, y preguntarse si nuestra modernidad no ha ido demasiado lejos al atribuirle una importancia desmesurada, no solamente en lo que respecta a una final endemonia humana, sino a los resultados mismos de la ciencia, es decir, a su valor positivo de ciencia, y teorética o práctica. La importancia del saber es del todo relativa a las infinitas condiciones de la existencia. Escribíamos hace años: *la ciencia en sí no es un absoluto, no es buena ni mala; pero el hombre se sirve de ella como de tantas otras cosas.* Esta es una justa comprensión de la ciencia.

Hay una tendencia constante en los hombres exclusivamente científicos, fisiólogos, naturalistas, etc., a concebir la ciencia de manera muy diversa de ésta. La ciencia experimental no solamente sería la única probabilidad de felicidad humana, sino que sería la sola esperanza de solver un día los misterios y problemas que nos rodean. Y entonces habría que someter todos los intereses y actividades de nuestra vida a ese ente de razón que es la ciencia, y que evidentemente trasciende de modo considerable en toda nuestra existencia moderna.

Hay aquí un error que es ingenuidad de un lado, ignorancia del otro. Ingenuidad porque proviene de la sorpresa y del encanto de una continua y exclusiva contemplación de la naturaleza; ignorancia porque todos los sabios de este orden, por su mismo estado han quedado siempre fuera del alcance disciplinario de un alto criticismo que les habría habilitado a ponerse por encima de su empirismo demasiado crédulo y fácil. Es increíble la grande ignorancia que existe en los laboratorios europeos, de ciertas nociones y verdades que, sin embargo, son la obra y la invención de los mismos europeos, y que se refieren al conocimiento de los instrumentos mismos con que opera la ciencia contemporánea: la inteligencia y la razón. En los laboratorios se conoce todo menos el conocimiento. Sin embargo la ciencia propia de éste, la que lo pondera, la que ha medido sus límites y su alcance (Kant, etc.) existe ya desde años, y sería el freno más eficaz de todo género de ilusión y fetiquismo científicos.

La inmensa naturaleza desconocida da un pasto inagotable a la actividad de investigación y aplicación científica. Y el desconocimiento de la naturaleza íntima del trabajo que se hace allí, trabajo, por lo demás, fecundo y siempre utilísimo, explica la miopía y la pueril ingenuidad con que los Haeckel, los Büchner y todos los fisiólogos franceses pretenden darnos la clave y la *última ratio* de todo conocimiento.

Nosotros somos, y todavía en condiciones muy inferiores, víctimas del mismo error y de la misma ilusión. Y el error nos llega todavía abultado y agravado por un prestigio de distancia y por la misma ignorancia de las realidades europeas. Está sucediendo en nuestra América, respecto de la ciencia, lo que sucedía hace años respecto de cierto filosofismo político, social y religioso de origen francés y del siglo antepasado. Hoy nuestra inteligencia es positivista y cientificista, lo mismo que el espíritu de nuestros abuelos era volteriano, libertario e irreligioso. Hoy nos reímos sinceramente de nuestra pasada credulidad enciclopedista y sentimental, porque nos damos cuenta de sus resultados en toda nuestra vida pública y social. Pero, en cambio, todos nuestros *intelectuales* que burlan de buena gana de los sueños pasados, toman muy gravemente y muy a lo serio el nuevo *fetique* y la nueva manía, digo, de la ciencia. Para ellos la ciencia debe resolver todos los más vitales problemas humanos (insolutos todavía en Europa), y es la ciencia que debe ocupar todos los puestos y mover todos los resortes de la existencia; y no deja de ser cómica la suficiencia política, social, pedagógica y lo demás, de esta ciencia que si es incompleta en Europa lo es todavía mucho más en América. Porque se ven las aplicaciones de la electricidad, de la mecánica, de la química, etc., todos juguetes ingeniosos y utilísimos con que la ciencia adorna y facilita la vida, se espera ya todo del milagro universal de la ciencia, y no se ve que los verdaderos grandes problemas, aquellos que de más cerca nos tocan y que se refieren a la estabilidad y permanencia mismas del hombre y de las sociedades humanas, no solo no están resueltos, sino que están muy lejos de serlo, y es justamente en Europa, la tierra de la ciencia, donde se presentan más difíciles y más premiosos.

Tal es el estado de las cosas, y ya hemos dicho en otra ocasión que la base de toda cultura intelectual debe ser una comprensión exacta y justa de todo, especialmente del estado y condiciones verdaderas de toda ciencia, tanto más cuanto que pretendemos hacer aplicaciones de ella en terrenos tan importantes como el de la educación nacional. Seguramente la ciencia ofrece recursos y medios que se pueden aplicar con ventaja; pero ya es preciso

conocerlos del todo, y no solo de vista o de noticia, no teniendo más criterio para su aplicación que el buen resultado alcanzado en otras partes. Asimismo hemos aplicado, sin mayor discernimiento, en nuestra pasada vida política y aún hoy, lo que hemos creído y creemos legítima y segura ciencia política; y no hay que decir ya cómo han sido los resultados. Y entonces, sin desdeñar nada y con la voluntad de servirnos de todo cuanto se nos ofrezca, es preciso buscar en otra parte el resorte constante de nuestra acción, la razón permanente de ésta, la dirección invariable, ya que la ciencia sola no es suficiente aquí ni en parte alguna para fundar sobre ella exclusivamente toda esperanza, todo movimiento, toda razón de obrar y de vivir como hombre y como nación. Digamos de paso que no hay estado peor que el de la indefinición y duda. Precisa todo una voluntad concreta, un camino claro, un fin determinado. La fluctuación de intenciones y la vaguedad de ideas es peor muy más que la carencia de ideas e intenciones; y solo así se puede vivir una vida no inferior.
21 de septiembre de 1910

CAPÍTULO LV. LA ENERGÍA

Y esta es la última palabra y también la última razón de la vida. Cuando se trata del problema educativo u otro, la primera cosa: querer; la segunda: poder. Lo demás viene solo y por sí. Esta voluntad es la fuente de toda sabiduría y de toda realidad. Hemos vuelto de muchos sueños; el viento se ha llevado miles de credos; la misma ciencia nos ha mostrado sus fundamentos de arena. Solo queda la voluntad, indiscutible e indiscutida, alma de los imperios, resorte maestro de toda la Historia y como la llama que mantiene el calor del mundo. Y esta voluntad hay que despertar en la raza y sacarla al Sol. Se pretende que tenemos riquezas fabulosas en las entrañas de nuestros montes y en nuestras llanuras y valles; pero no se habla de la verdadera riqueza, que es más que oro y que todo, que es la fuerza de nuestra sangre y la voluntad de nuestra alma. ¿Por qué para crear la educación nacional solo contamos con nuestras *abscónditas* riquezas minerales u otras, y no comenzamos contando con la energía nacional? Ese miraje lejano de las riquezas externas por venir solo sirve para adormecer la voluntad y paralizar la energía, y mientras esperamos la verdadera fortuna, el Hado y el Dios vive en nosotros y es la Voluntad señora del mundo.

«Nos habitat non Tartara sed nec sidera coeli
Spiritus, in nobis qui viget, illa facit.»

De esa energía hay que partir; esa energía hay que buscar, y el objeto de toda pedagogía debe ser esa misma en todas sus formas y manifestaciones. Se ha dicho en esta polémica que el niño es un pequeño salvaje, entendiendo por tal un brote y un conjunto de pasiones indómitas e impulidas que sugieren enseguida lo selvático y lo primitivo. Esta afirmación es otro estúpido apriorismo que viene de la ignorancia de lo que sucede en nuestras escuelas primarias; y es porque se le ha encontrado en los libros europeos y no en las realidades bolivianas. ¿Sabéis lo que es el niño en la escuela boliviana? Es raquítico, es cobarde, tímido, se afrenta fácilmente, y acusa todos los vicios de una naturaleza tal: la astucia precoz, la nerviosidad enfermiza, el miedo, la reserva importuna, la inclinación hacia los placeres que no son propios de su edad. ¡Un pequeño salvaje! ¡Ojalá fuera! Esto es, un brote espontáneo de vigores salvajes, de energías vírgenes e íntegras, algo que en su exceso de vitalidad lo atropella todo, lo desconsidera todo, y que en la embriaguez sana y espléndida de su propia energía se desborda y rompe toda regla, como un torrente demasiado poderoso. Entonces una educación sabia encauzaría esta energía superabundante y la reglaría dentro de una razón superior. Pero fijaos en nuestras escuelas; lo que allí hay que hacer es justamente un trabajo contrario; hay que despertar la voluntad adormecida y la energía latente; hay que azuzar la personalidad como a un felino hipnotizado y agonizante ya. Nuestro niño, como nuestro adulto, está enfermo de todos los prejuicios y mentiras que han hecho y siguen haciendo nuestra educación. Basta ver la lista de desiderata con que encabezan sus planes educativos todos nuestros pedagogos bováricos del día. ¡Un pequeño salvaje! Quien lo dijo no supo jamás lo que dijo. Toda educación estriba en esto: haceos fuertes de cuerpo y alma. No hay más. Y entonces, es la energía nacional instituida en método, en doctrina, en objetivo único y final. Y entonces hay que también instituir la energía pedagógica en los maestros y en los profesores, energía metódica y energía ejemplar, que sea para el niño y para el joven atmósfera respirable y paradigma imitable; hay que instituir la energía administrativa (que no ha existido de veras sino con Linares y Montes), que se traducirá en régimen escolar, en disciplina profesoral, en voluntad pedagógica, que hoy no existe o existe apenas. Hay que instituir la energía nacional como doctrina y profesión, es decir, el maestro y el profesor enseñan todo lo que se quiera, pero primero que todo, la energía personal y nacional, y para ello, antes que su ciencia, vale su ejemplo personal que se traduce, si no siempre en una superioridad muscular, pero siempre en una conducta irreprochable, en la voluntad implacable de hacer bien y de enseñar bien; y el mejor profesor no será tanto quien enseñe más pronto a hacer o pensar una cosa, cuanto el que despierte más pronto y mejor la personalidad y la voluntad dormidas en el niño. Es difícil decirlo; pero el contacto de un profesor en esas condiciones y del niño supone condiciones extraordinarias que hasta ahora no han pedido aún nuestros reglamentos en la materia. Es el calor con que se enseña; es la fe con que se trabaja, es el amor con que se cultiva al niño; es la fiebre fecunda que anima toda la vida escolar, que brota del profesor y que forzosamente se comunica al alumno. ¿Qué se puede hacer con un profesor que habla como una estatua parlante y con alumnos que escuchan como quien oye llover? ¿Dónde está la voluntad de enseñar y la de aprender? No existe, y lo peor es que los mismos profesores extranjeros se contagian de esta especie de muerte aparente en que vive muriendo toda nuestra pedagogía nacional. Entonces hay que crearla y preocuparse de ella antes que de toda ciencia, de toda fantasía pedagógicas. Y esta fiebre creadora de vida que pretendemos despertar en nuestra educación nacional es la única que podrá dar un resultado positivo y seguro, más que la importación de ciencias, métodos y profesores extranjeros, más que todo el oro del mundo, más que todas las ilusiones de nuestros pedantes pasados y presentes.

Y en esto consisten la doctrina y la creación de la pedagogía nacional.

22 de septiembre de 1910

PROVERBIOS SOBRE LA VIDA, EL ARTE Y LA CIENCIA
Quid Quaeris? Vivo...
Horacio

Fascículo primero 1905
El pensamiento es uno y tan viejo como el mundo, pero sus formas se renuevan eternamente.

Todo error es una enseñanza y toda juventud un error. Ay de quien no aproveche la primera enseñanza y el primer error.

Solo hay una manera de aprender a mandar, es aprender a obedecer.

El hombre reflexivo se propone a cada instante el problema de la vida; el hombre de acción lo resuelve a cada instante. ¿Qué media entre los dos? Un lazo invisible y sin embargo real, hecho en parte de razón y de voluntad, que se llama generalmente carácter.

¡Qué importa la traición de las cosas! Lo que hay de irremediable es la traición de sí contra sí mismo.

La cultura es un esfuerzo constante hacia una forma ideal dada; y todo ideal es un signo y una medida.

Nada prueba haber sufrido mucho; lo que algo prueba es haber sido superior al sufrimiento.

Es posible que haya dos culturas, la de la cabeza y la del corazón. También existe una acción interior.

La paciencia es la virtud correlativa al valor, y ambos son las dos más altas formas de la vida, la forma pasiva y la forma activa. En este sentido, un impaciente está muy cerca de ser un cobarde.

Por ciego que se sea, siempre se ve bastante claro para saber lo que se tiene que hacer.

Hay la experiencia de los negocios, hay la de los hombres y otra más rara aún, la experiencia de las ideas. Pero, más que todas éstas, vale y es rarísima la experiencia de sí mismo.

Todo demanda una coordinación de esfuerzos; y la naturaleza no gasta menos inteligencia para construir una hoja de árbol que un cometa.

A veces no se necesita menos valor para escuchar la verdad que para decirla.

La envidia es una deficiencia; la tristeza de lo que nos falta. *Invidet, deficit.*

La prudencia —el miedo sabio.

La vida consta de esfuerzo y resistencia.

El orgullo es una de las formas positivas de la vida.

¿Qué es más difícil, ser fuerte en el infortunio o moderado en la prosperidad? La vida demanda una grande inconsciencia para ser plenamente posible.

La característica de la acción es la fatalidad, y sus héroes obran como brutos o como semidioses.

Algo más importante que el elemento étnico o que el grado geográfico, es tal vez el instante histórico.

Lo que hay de más nativamente francés es lo que menos se conoce y se admira en el mundo: Rabelais, Lafontaine, Molière, Voltaire, Beaumarchais.

Cuánto va de ayer a hoy, de cuando los franceses educaban a Goethe a cuando los alemanes corrompen a Mallarmé, Villiers *et coeteros.*

Característica de la cultura francesa, la habilidad.

Hugo ha robado nuestro genio en el siglo XIX como Corneille lo robó en el XVII.

Una única sabiduría incomparable y que la Europa sabia ignora, existe desparramada en la España proverbial y refranesca. La sabiduría en España no duerme en los libros, ni bosteza en las universidades; corte en el arroyo de las calles. Esa sabiduría ha sido presentida por Schopenhauer, y también Goethe dice simbólicamente: «solo el que conoce y ama a Hafis sabe lo que Calderón ha cantado».

La sabiduría antigua aventaja a la nuestra en que se expresa con una serenidad olímpica, mientras que la nuestra se retuerce en nuestra fiebre moderna. Ya se dijo: clásico, lo sano; romántico, lo enfermo; y lo típico del cristianismo es el romanticismo, aun en sus momentos de eclipse, como el renacimiento italiano y el pompadourismo francés.

El grave cargo que sobre el cristianismo pesa de haber entristecido la humanidad y la vida, es todavía un problema y no un axioma. Esforzaos en imaginar el estado del mundo pagano hace dos mil años, y tal vez veréis que la salud de la vida estaba en el hierro y en el fuego bárbaros. El cristianismo fue entonces el Atila del espíritu. El sentimiento de las cosas se falsea al través de diecinueve siglos.

Los grandes espíritus modernos solo han encontrado un asilo para su salud, digo para la libertad: es ese mundo fantasma, la antigüedad pagana. Hay un pueblo que para ser sano y libre no necesita salir de sí mismo: los ingleses; y así como los romanos iban en pos de genio entre los griegos, nosotros deberíamos ir en pos de energía entre los sajones.

La ciencia y la filosofía solo cuentan un espíritu nativa y naturalmente libre: es un inglés, Bacon.

¿Qué es Bacon? ¿Un pagano? No, puesto que ignoraba la antigüedad hasta el punto que toda su sabiduría adquirida y escolar venía de Séneca, y su saber simbólico de Ovidio; conocía bien el latín, pero ignoraba el griego. ¿Es un cristiano? Tampoco; su vida pública y privada bastarían para desmentirlo. ¿Qué es pues Bacon? Ante todo y sobre todo, un inglés genial.

La grande crítica como la concebían Aristóteles y Goethe no existe en Francia. Agradable y vivaz hoy, nada vale mañana, y es porque en Francia la crítica se reduce a ser un *enregistreur* de impresiones.

Es una frase característica de la Roma imperial el *toedio periit*: la biografía de la República la ignora.

A pesar de los mil sistemas, de los mil artistas y obras de arte, en Francia solo hay una concepción del arte.

Es propio del sufrimiento hacer sufrir a los demás.

La conciencia no basta para vivir, y a veces sobra.

El pensamiento es como el cielo, sereno y vertiginoso, el sentimiento como el mar, sondable pero incontenible.

La novela de hoy es naturalmente francesa, como el diálogo antiguo es griego. Además, ¿habéis notado su parentesco?

Hay en el espíritu de Renan un gesto de gran señor, como en el de Taine una actitud de obrero.

De todo se puede sacar una buena enseñanza en la vida; la única tentativa que resulta siempre huera es la muerte.

La vida es la sola fuente de la ciencia.

El grande arte es siempre una aristocracia. No se concibe una plebe de grandes hombres; pero por otra parte, toda aristocracia es una jerarquía.

La sabiduría es la economía del alma.

Al fin y en suma, ¿a quién pertenece el fruto? Al hombre hambriento, al pájaro errante, al viento ciego, pero ya nunca al árbol.

En todo hombre hay un eterno niño en acto, y en toda mujer un eterno masculino en potencia.

El arte empieza donde acaba la naturaleza. Por esto la flaqueza y la grandeza del arte; flaqueza, por lo que pierde en verdad positiva, grandeza porque libera e ilimita la verdad ideal.

¿Qué hay en Rostand que a pesar de su inmenso talento jamás hará de él un gran poeta? Mejor dicho ¿qué le falta? Lo que a uno le daña no siempre es lo que le falta, sino lo que le sobra.

No es estrictamente justo decir que la razón es humana; la razón es cósmica. Nadie hay que no tenga en su historia algo de qué avergonzarse. Consolaos desesperados de la perfección.

El romanticismo francés parece haber tomado por lema esta frase de Horacio: *ut pictura poesis*.

Desde Schopenhauer viene el menosprecio de la inteligencia y la superestimación de la fuerza moral.

¿Habéis notado cuánto hay de inglés en la filosofía de Goethe y de alemán en la poesía de Shakespeare? Hay una economía de las ideas que es tanto o más útil que la de las riquezas. Orgullo —el esplendor de la fuerza.

Lo que los antiguos moralistas llamaban bondad o maldad en el hombre, es todo *naïveté*.

El precipicio de los filósofos es la razón, el de los poetas el sentimiento.

La vida interior como la exterior está hecha de reposos y actividades; y el arte de vivir consiste en saber dar a cada instante su tarea respectiva, esto es, en ajustar el ritmo de la voluntad al ritmo de las cosas.

Sabemos ya que el hombre es la medida de las cosas; ¿cuál es la del hombre? Hay cierta voluptuosidad en conocer, y ciertas erudiciones son como una prostitución del espíritu. Un desequilibrio interior que lleva a la esterilidad del pensamiento consiste en una total pasividad mental bajo un exceso de impresiones exteriores. El pensamiento es entonces como un terreno tan fatigado, que el hierro no le abandona jamás, de modo que nunca tiene tiempo de concebir, desarrollar ni madurar.

La historia funciona como la naturaleza: plena creación, plena destrucción. La poesía de Heine vibra en dos únicos tonos, el tono lírico y el satírico, y su encanto viene de dos venenos modernos, la sentimentalidad y el hastío, extrañamente convertidos en elementos estéticos.

La gloria consiste en esto: ciertos hombres, a fuerza de afirmarse como hombres llegan a hacerse dioses, como Hércules y Teseo.

Toda creación de arte es un proceso de lo informe a lo formal. Si es verdad que todo es inteligible, todo debe tener su ley.

Es admirable cuanto hay de inconsciente en el genio francés, y cuanto de consciente y aun voluntario en su graciosa animalidad.

Griego o bárbaro, antiguo o moderno cada mundo tiene un sentido histórico.

El genio de un pueblo consiste en descubrirlo a tiempo, y luego saber interpretarlo. América, ¿conoces ya tu sentido, como tu grande hermano del norte? Ciertos espíritus jóvenes aman la independencia y la libertad de acción. Dejarlos; pues si son bastante fuertes y justos, siempre encontrarán su vía y su ley; y si no lo son se perderán bajo el mejor maestro y en la mejor escuela.

¡Cuánto la lengua española se parece a una colección de joyas viejas! Qué espléndida pedrería de palabras; pero todo se ha tornado de orín por falta de uso, y hoy, junto a otros cofres hábilmente conservados y sobre que siempre el genio o el trabajo han derramado un nuevo lustre y una nueva vida, el español tiene un aire de momia desagradable e inútil. ¿Quién nos enseñará a quitar el moho de nuestra lengua, y más que esto, a saber amar este trabajo? Cada espíritu tiene su ley en medio de la ley del Todo.

Toda obra de arte es una forma viva, y en toda obra se vuelve a encontrar la cuestión problemática de la vida. Arte eterno, problema eterno; y como la crítica no es más que la ciencia del arte, crítica eterna. Homero no ha acabado aún de ser juzgado.

Todo grande hombre es una grande idea encarnada.

No está más averiguada el alma de la piedra que la del hombre.

El único hombre cuya grande inteligencia me ha probado directamente un gran corazón es Montesquieu, y Montesquieu no habla jamás de su corazón.

Dos filosofías hay en el seno de las cosas, una eterna e inextricable, que es la naturaleza misma; otra móvil y poética, que es el pensamiento del hombre.

En la tarea de pensar se empieza por ser conciso, estrecho y frío; en el arte se comienza por ser vago y ampuloso. La razón es que un pensador incipiente solo concede importancia a la idea, y exagera; y el artista joven solo se preocupa de las formas, y extravaga.

También el lenguaje tiene sus límites y no puede dar más de lo que debe.

Natura in omnibus, in natura omnia.

El tiempo roe y desgasta la vida, con la diferencia que para ciertas vidas es el gusano sobre el fruto, y para otras el cincel sobre la piedra.

Tan grande y tan profunda es la equidad de la naturaleza, que su contemplación no solo embellece la vida sino aun la muerte.

La mejor manera de hacer por el arte es hacerlo.

El espíritu francés es un compendio del espíritu humano, pero no es el espíritu humano.

Qué pozo sin fondo es la vulgar frase: ¡todo es posible! He aquí los caracteres salientes que diferencian los espíritus de algunas grandes naciones: el espíritu italiano posee la plasticidad, el francés la realidad, el alemán la matematicidad, el inglés la energía.

Goethe solo podría sufrir en el siglo XVIII el paralelo de Montesquieu; pero Montesquieu es un publicista fuera de ser un pensador, y Goethe es un naturalista además de ser un poeta.

También el pensamiento tiene su ritmo inmensurable e inasible hasta hoy, pero evidente. Pitágoras y Fechner son sus desesperados calculadores.

¡Extraña fatalidad! Hay espíritus cuyo precipicio es la dicha.

No basta saber morir; es el heroísmo de los débiles o de los vencidos: hay que saber vivir.

¡Si se pudiera hacer que el hombre no nazca de mujer! El primer paso hacia la sabiduría es triste —la primera duda de sí mismo. Todo nuestro mal viene de que dejamos demasiado campo al azar.

La verdad, en el fondo, es asombrosa. Por eso no hay belleza comparable a la de la verdad.

No hay embriaguez más fecunda ni más peligrosa que la del sentimiento. Hay educaciones que son una destrucción. La educación griega fue uno de los elementos de la muerte de Roma.

Ovidio es más artista que Horado; pero éste es un poeta inmenso al lado de aquél. La razón es que Horado fue y se quedó un gran romano, mientras que Ovidio se hizo un pequeño griego, un admirable *graeculus*.

También el miedo es una fuerza.

Aunque parezca increíble, hay libros venenosos: Rousseau es uno. Todo necesita costumbre, hasta la dicha.

La Francia literaria está hecha de la misma piedra que sus catedrales góticas: bastaría un siglo de abandono y de intemperie para que todo se vaya en ruinas; de tal manera en ese país la piedra se deslíe y el espíritu envejece.

Los franceses no conocen o conocen muy poco el granito y el bronce literarios. En Francia nada hay *aere perennius*.

El más grande y grave de los problemas contemporáneos es seguramente el feminismo.

Diferencia entre el orgullo británico y el español: uno es sano por la acción, el otro enfermo por la contemplación.

Es posible que haya tantas verdades cuantos hombres hay (pirronismo); pero es seguro que solo hay una humanidad.

La serenidad del pensador linda con la tristeza, como el crepúsculo con la noche.

¿Cómo se llama el alma del crepúsculo? Melancolía.

A ser cierta la teoría de Hegel que todo ser es un devenir, ¿imagináis el millar de almas que cada uno hemos poseído en la vida? Dos latinos han ahogado su talento en el moderno pompadourismo de ideas que reina en Francia: he nombrado al buen Rubén y al excelente d'Annunzio, hombre de buena voluntad literaria.

¿Hay un elemento innombrado todavía que se podría llamar la razón en la naturaleza? A veces el poeta admira su obra como si no fuera suya; en cambio el profano la contempla a veces hasta encarnársela.

El abuso del color acabó por matar la línea, la materia y la perspectiva en Flaubert (*Tentaciones*).

¿Qué significa la conquista de América para el tronco latino-español? Una barbarización, en el sentido ideal, una degeneración en el sentido étnico.

La fuerza sana es siempre serena, y una de las manifestaciones de la serenidad es la alegría.

Esprit, la alegría de la inteligencia.

¿Los alemanes han matado al doctor Fausto? Sí, el instante en que tomaron conciencia de él: ese instante se llama Goethe. Desde entonces Fausto muerto para la carne solo vive para el arte, y allí no morirá jamás.

¿A dónde el espíritu tiende sus velas que no arriesgue de naufragar o de descubrir un mundo? El idioma alemán tiene mayor riqueza vocal que el español; el francés más todavía, y el inglés aún mucho más. El color vocal inglés es prodigioso, y es la lengua de los matices por excelencia. En cambio el español supera a todas estas leguas por su riqueza poliptongal, y solo la cede al griego que sobrepuja a todas juntas, siendo inferior solo al sánscrito, que es el océano de los sonidos.

Es increíble cuanto hay de sentimental en la inteligencia.

Rubén ha olvidado el escollo en que tropezó Calderón y en que Góngora naufragara.

Está en la naturaleza que la juventud siga la pasión, como la vejez la razón. La ciencia se aprende, la sabiduría no.

La sabiduría es varia como las razas, pero al fin una como la humanidad. La ciencia es idéntica en el tiempo y en el espacio, y tiene un carácter de fatalidad casi divino. La sabiduría es solo humana, pero infinitamente dulce.

El grande peligro de la cultura es la pérdida de la ingenuidad, cuando en nosotros un hombre artificial se ha formado de las ruinas del hombre natural y primitivo que éramos.

No pidáis a la juventud otra cosa que amor y alegría. Cualquier otra edad no os dará nada mejor.

En amor el ensueño poeta crea los mundos, y el sexo hidra los devora. El arte es para el hombre una superproducción.

El pasado es un valor solo para el hombre de vida interior. El contemplador fue en todo tiempo un contemtor de la acción.

La concepción de un arte realista (sus dos más altas expresiones son Rubens y Cervantes) existe en grada de una transposición mental. Desde que toda acción artística principia donde acaba la acción de la naturaleza objetiva, el alma del arte será medularmente ideal y subjetiva, y la frase «arte realista» es apenas un modo de decir; y, justa, pintoresca y verdadera mientras conserva su naturaleza de tropo, se hace absurda al violentarse identificándose dialécticamente (Zola). Siempre es más útil buscar y discutir las cosas que representan los nombres, y no los nombres de las cosas. ¿Hasta dónde esto es posible? Los franceses son más capaces de realizar la grandeza moral que la intelectual. Comparad Pascal, Malesherbes, Hugo, que se aproximan más de Tolstoi que de Goethe o Kant. Vauvenargues decía ya: *les grandes pensées viennent du coeur.*

Todo lo que se ha dicho de Dios o de los dioses solo debe entenderse como formas del deseo humano. Todo Dios es un ideal y una necesidad.

El ensueño completa al hombre y la muerte le perfecciona.

¡Juventud; dichosa edad, la sola que puede reírse de la sabiduría, porque no la necesita! La posesión de los dioses es siempre común.

La obra de arte aparece más vieja o más nueva, según responda a nuestra condición esteto-histórica. Sin salir de un solo grande ejemplo, ¿por qué Racine parece más profundamente humano que Corneille? Cambiad la hora: ¿por qué Corneille parece más energético, más rico y más grande que Racine? En nada hemos dicho aún la última palabra.

Los que aprenden el arte tienen en cuenta los géneros; los que lo crean tan solo el genio y su ley.

El hombre de genio no obra de manera distinta que la genial naturaleza, es decir, si la manera es otra, es la misma la ley.

«l'l de la betise dans l'esprit français comme dans tout ce qui est profondement instinctif.»

La naturaleza hace al hombre, y éste le da un sentido.

Hay espíritus desnudos como atletas y otros descarnados como esqueletos. Un grande artista es siempre más grande que su arte.

El pensamiento es una curiosa araña que a veces se aprisiona en su misma tela.

Do ut des es la fórmula de la salud cósmica, y el altruismo evangélico es una sombría enfermedad del espíritu. Caridad sin límites es despilfarro sin bordes, y felizmente la naturaleza no practica esto.

Existe también una verdad de la forma.

Dos hombres dicen de la misma rosa: blanca; pero uno lo dice con más verdad, más intensidad y más euritmia; éste hace arte; y si el otro, sin llenar estas condiciones, se empeña en hacerlo, solo llegará al artificio.

El arte de servirse de los demás consiste en saber servirles en su medida. La pasión es un reino sombrío.

¿Cuál es el solo bien que está antes que la libertad? La salud. Nada lleva tanto la marca humana como la ciencia.

¿Qué importa haber juzgado a los dioses y a los reyes, a los sabios y a los santos, si uno es el juguete de un deseo y la burla del azar? La soledad o el aislamiento pueden ser una de las fuentes de la energía, pero nunca del conocimiento.

Las cosas son profundamente simples, y el hombre indefinidamente complejo. Hay en Balzac una verdad y una falsedad de arte que pertenecen a su tiempo y son independientes de su genio.

Es probable que lo que parece racional en la vida cósmica tenga la misma ley que la inteligencia humana.

¿Sería posible que exista algo fuera de la vida y que no sea la vida? El sentimiento es una de las formas características del principio de individuación.

Si el mundo todo fuera un individuo, el sentimiento no existiría.

El mundo es un tal derroche de formas que parece una insania en acción. Pero es probable que ello solo sea un espejismo desproporcionar.

Tan grande es el interés de la vida y su valor que la muerte le es solo un instrumento esclavo. Solo se debe morir cuando no se puede afirmar de otra manera la vida.

Las filosofías que como la de Nietzsche hablan por la boca de su herida son más interesantes que ninguna otra, como documentos vivos; pero también más sospechosas e inseguras.

Fijaos bien: todo es milagro.

Socialmente hablando, el sentimiento es una especie de sinovia ideal.

Que la naturaleza tiene una o muchas intenciones, es innegable; lo que es falso es que tenga las del hombre. A veces quiere justamente al revés.

El más alto tormento de la inteligencia es la conciencia que ella alcanza de su limitación y de su necesidad de lo ilimitado.

Dos fuerzas, una integral y otra desintegral constituyen el fenómeno misterioso de la vida. De su choque o de su desarmonía resulta el sufrimiento.

A veces parece que hay una deficiencia de razón enérgica en el mundo.

En las razas del norte, lo que no pone el genio individual no lo da el espíritu nacional. En los países del mediodía suple a veces el instinto étnico lo que falta al genio personal.

El grande arte es implacable. Hay que escribir, hay que pintar, hay que fecundar con su propia sangre. Lo demás nada vale.

Hay en Taine dos esfuerzos, uno científico y otro artístico, que no siempre se combinan sin dañarse mutuamente.

La obra de arte es más un fenómeno sentimental, la de ciencia un fenómeno intelectual. Son dos direcciones que divergen siempre y que en algunos se contraponen.

El arte y la ciencia tienen dos atmósferas distintas. En ésta se necesita una mayor dosis de libertad que en aquél. Desde luego, el arte funciona con elementos más fatales y menos libres, las impresiones y las pasiones; y desde que busca *a priori* un orden y una armonía, va hacia una sujeción. La ciencia no soporta otro yugo que el de la verdad.

Se puede ser un modelo de técnica y producir un arte mediocre y anodino, como Mendelssohn; se puede ignorar o despreciar las reglas, escribir extraños desatinos, y sin embargo poseer algún genio, como Berlioz.

La más alta prueba del genio es la disciplina. Preciso es que el genio la agote para hacerse superior e independiente respecto de ella.

Hay un arrebato científico que linda con el lirismo. A veces los axiomas se enuncian como estrofas.

El mundo es una ley viviente.

Es más fácil construir una frase sonora que una justa.

Toda la Crítica de la razón pura está en esta frase de Goethe: «todo lo que sucede es un símbolo».

Pensar y obrar como nadie es falso y vano, y es pretensión que marca al necio.

El porvenir del mundo está en los laboratorios.

Una crítica fecunda aunque excesiva sería la investigación —en la obra dada— de la obra probable.

Existe una crítica que es también una creación.

Los límites de la crítica son todavía desconocidos, siendo como es la más alta de las funciones intelectuales.

Desconfiar de los artistas que se hacen críticos y de los críticos que se hacen artistas. Son dos temperamentos casi siempre incompatibles.

La grande crítica es siempre uno de los últimos períodos de la cultura humana.

¿Hasta dónde va la realidad, y dónde comienza el símbolo? El corazón sufre según su tamaño, y los hubo que se creyeron grandes como el mundo.

La más alta concepción del dolor hace de él una función cósmica.

El error de ciertos sistemadores modernos es creer que la verdad sola y desnuda basta al arte. El arte es complejo como un animal, y la verdad es solo un grande elemento como el oxígeno.

Es de admirar cuánto artificio demanda la ciencia y cuánta naturalidad el arte. El arte pide genio, la ciencia ingenio.

El colmo de la ambición, ser el Sol.

Como en la música, aunque con menos claridad y menos intensidad, también en la poesía se puede descubrir dos trazados, uno melódico y otro armónico.

Todo el arte contemporáneo está afectado de un esfuerzo matemático hacia la armonía.

Wagner nos ha mostrado cómo sin apartarse de la razón se puede llegar al absurdo. Bien se puede decir de él que ha hecho producir al arte más de lo que éste debía.

En el procedimiento wagneriano hay algo de la matematicidad de Spinoza. No hay probablemente obra humana en que la voluntad haya cometido mayores excesos que la célebre Tetralogía.

Es propio del arte hacer de la realidad una imagen y animar la imagen hasta la realidad.

Para los griegos el poeta es un hacedor (*poietes*), y para los alemanes un ideador (*dichter*). Aquí hay una dirección esteto, simbólica, allá una estetoplástica.

Lo que Wagner gana en intensidad lo pierde en extensión y orden.

Es extraño cómo el teorizante de la melodía infinita haya escrito las más cortas melodías.

A fuerza de sutilizarse, a veces la materia musical acaba por evaporarse en las manos de Wagner.

El símbolo es un valor fiduciario de que es peligroso abusar.

La verdad es tan necesaria a la vida, que cuando falta se busca siquiera su apariencia.

Buscad lo cierto en la realidad y lo justo en el símbolo.

El símbolo es una de las medidas del hombre. Cuando más alto aquél, tanto más grande éste.

El símbolo tiene siempre un fondo y un límite; la realidad jamás. Me place el autor cuya intención no desborda de su libro.

Nada repugna más al genio griego como una concepción simbólica del arte.

El símbolo es el mundo de la fantasía, es decir de los fantasmas, sobre todo en nuestros días.

André Chénier es un prodigio único, el solo hombre en quien el arte antiguo haya resucitado en toda su fuerza y su grada.

La teoría artrítica de Bouchard, como todo lo que toca muy de cerca la materia organizada, provoca el siguiente problema: ¿cuál es el límite diferencial entre la materialidad y la funcionalidad bioquímicas? Todo es acción o pasión.

Por poco que se profundice el estudio de las ciencias naturales, se encuentra la necesidad metafísica. En este punto, el positivismo no es más que una renuncia y una denegación metódicas, pero no una doctrina.

Un desaliento teometafísico y un esfuerzo hacia una realidad matemática de la vida, son los dos matices típicos de la filosofía de Comte.

El lirismo, como estado inferior, es como la espuma luminosa de la ola mental. El estado lírico, cuando no es morboso, es siempre un signo de riqueza interior.

Paradoja e ironía se emparentan íntimamente, siendo la una a la inteligencia lo que la otra al sentimiento.

La esterilidad y la ausencia de lirismo engendran la paradoja, que sirve a la vez de prueba y de reactivo al pensamiento sano.

La paradoja no es totalmente infecunda; y en la química mental, es, si un elemento de descomposición, también uno de análisis.

En manos de la ciencia los venenos se hacen elementos de vida, y hace una eternidad que la naturaleza obra como la ciencia, y quizá es la ciencia viva.

Hermosa filosofía la que dijese: única verdad la vida, única realidad la vida, único bien, única belleza —¡la vida! La poesía francesa fue siempre marmórea y oratoria, y fuera de unas pocas notas de Racine, la música boreal solo se ha introducido en ella desde la influencia wagneriana.

Beethoven posee la fuerza, la fecundidad, la grandeza, y está en la cúspide de su siglo: ¿qué le falta? La universalidad. Beethoven es un genio alemán antes que humano, y por decirlo así, poseyó un mundo, pero no los mundos.

En Beethoven el corazón fue más grande que el espíritu.

Wagner ha influido más en la poesía que en la música francesas. Esto se explica porque tal vez en el mundo francés hay mayor materia poético-literaria, y por consiguiente mayor evolubilidad literaria.

A mayor materia mayor evolución.

Toda la poesía humana oscila entre el lirismo y el patetismo, y entre estos dos extremos se distiende la línea cromática de nuestros sentimientos.

El lirismo es siempre una obra de fecundación, el patetismo una de consumación.

La vida, mientras sobre ella no derrama su pensamiento el hombre, es asombrosamente simple.

Los antiguos dominaron y dominan por el arte; los modernos por la ciencia. La actual civilización europea, como carácter y como tendencia, es del todo boreal. En esto se contrapone con la de hace dos mil años.

Obrar ignorando el sentido de su siglo es como navegar sin brújula y sin astros.

La vida no demanda más que una cosa profundamente simple y difícil: la justa adaptación del instante.

Los conductores deben sobre todo saber, los conducidos poder.

Una extraña aberración de los siglos cristianos fue la de haber introducido la pasión en la filosofía, y lo que es peor, en la ciencia.

El error del arte romántico organizado en sistema, fue concebir, como su sola fuente y resorte, la pasión. Ese arte agotó su época y parte de las siguientes.

La grande pasión es el más alto signo de la vida, pero es un signo indirecto y negativo. La pasión, si cabe decir, es como el llamado proceso de oxidación, una verdadera combustión. Por esto, de arte alguno quedaron más cenizas y escorias que del romanticismo.

Abuso de ingenio acaba por ser flaqueza, como todo abuso.

Más que el del color y que el de la línea, es difícil el arte de relación. Característica del arte griego es la organicidad.

Lo incurable del cristianismo es la pasionalidad.

En algunos la sed de ideal no lleva a menos excesos que el hambre corporal. Es un signo de bien nacidos.

Para vivir se tiene tanta necesidad de comprender como de ser comprendido. Es una ley que el fuerte dé más de lo que recibe.

Es probable que las almas no tengan otra medida que las glebas: su capacidad fértil.

La sátira, bajo el criterio eminente de la vida, es un arte inferior.

Una tendencia dramática ha corrompido la poesía moderna en las diversas literaturas.

De Wagner se podría decir que es, ya no un compositor, sino un expresador.

En nuestros días ¿cuáles espíritus son capaces de sacudir de veras el yugo wagneriano? La poesía tendió siempre a dar una personalidad a las cosas impersonales.

Naturam sequere debe ser la fórmula de toda sabiduría, *naturam persequere* la de toda ciencia.

El genio en acción parece obrar según una ley contraria a la del menor esfuerzo; pero esto es solo una apariencia. Así sucede con mil juicios, y es probable que todo lo que se llama anti o sobrenatural no sea más que desproporción lógica. La ley de relación abraza todas las leyes, y su estudio es probablemente toda la crítica humana.

En nuestros días una curiosa reacción hace en Francia del escenario una palestra lírica. Es el mismo espíritu que hace veinticinco años hizo nacer y abortar el simbolismo.

El espíritu francés no acciona, reacciona.

A veces todo está: el surco abierto, la simiente lista, el instante propicio y el fecundo sudor cayendo gota a gota... ¿qué falta? Osar.

No es el temor quien hizo a los dioses; tampoco el culto ancestral. Si así fuese, nuestra época de suprema cultura habría matado por siempre a los dioses. Mal que pese, Dios o los dioses están más vivos que nunca, y se les siente palpitar al fondo de nuestras entrañas. Dicho está: «hay una fibra adorativa en el corazón del hombre». ¿De dónde vienen los dioses? De una fuente eterna, de la conciencia que se tiene de la inmensa cantidad de vida que vive fuera de uno mismo. Que uno sea y que tanto y tantos puedan ser a la vez, es verdaderamente asombroso. La ignorancia y la necesidad de saber y afirmar han creado a los dioses.

Para descansar preciso es haberse antes fatigado.

¿Qué es el deber? La conciencia de una fatalidad. Si el Niágara reflexionase diría que la caída es un deber.

Naturaleza nos dio la razón como dio músculos a la fiera y alas al ave. Hagamos como ave y fiera, buscar nuestra salvación en nuestra misma fatalidad.

No todos aceptan que un Dios haya hecho al hombre; lo que nadie niega es que el hombre haya hecho un millar de dioses.

Hermosa frase de Marcial: *non est sapientis dicere vivam*. Dos cosas opuestas que son la misma degeneración: un niño reservado y un viejo impúdico.

El orgullo sienta a la virilidad, como la indiferencia a la vejez.

No todo se puede tener. Las gracias, el genio, el poder, la sabiduría son cosas que el hombre apenas sobrelleva una a una, y juntas abrumarían a un dios.

Esto se ha pensado ya, pero precisa tenerlo siempre presente. El mismo Crónide carece de amabilidad.

La esperanza es una forma subconsciente y pasiva de nuestra energía latente. La armazón y la forma de la ciencia son las mismas que las del espíritu humano.

Hay que limitar todo juicio. La verdad de las cosas está sujeta al Jugar, al instante en que se las ha visto, y sobre todo al ojo que las ve.

Es una mala manera de decir la verdad decirla sollozando.

Es una manera inferior de decir la verdad: decirla para divertir. La verdad gusta de un traje simple y de un gesto natural.

Es quizás una felicidad que no se pueda probar matemáticamente ni la fatalidad del mundo ni la providencialidad de los dioses.

La obra de Wagner es un arte *a posteriori*.

El admirable análisis químico de nuestros días está dispuesto a sonreír de las célebres calidades de húmedo y seco, cálido y frío, pseudoprincipios sobre que Aristóteles había fundado toda su teoría física. Hay en ello desproporción y estrechez de juicio. Sin contar, en el caso presente, que en la concepción de Aristóteles bien se puede entrever un presentimiento, o mejor, una oscura noción de los grandes elementos, cuyo moderno descubrimiento ha hecho de la química una verdadera ciencia, se puede establecer el siguiente criterio: hay que distinguir dos valores, el del esfuerzo humano y el del resultado alcanzado, contando en la primera evaluación todos los factores y elementos que fecundan el esfuerzo; y tratándose de éste, Aristóteles es su más alta expresión humana. Es verdad que esto no basta a la ciencia práctica, pero sí a la crítica, que no es otra cosa que la ciencia pura. Este criterio se puede aplicar a muchos de los hombres y de las cosas de la antigüedad.

¡Imitadores de Grecia y Roma! haced el arte de vuestro tiempo, como griegos y romanos hicieron el del suyo. Esta es la única imitación posible.

La soledad retiempla el espíritu a condición de no quedarse en ella. También el dolor tiene su miel.

El segundo capítulo de la civilización cristiano-europea comienza con el primer descubrimiento geográfico y la primera colonia. Nuevas tierras, nuevos hombres, nuevos tiempos, todo está preparado para una nueva era.

La música es el álgebra de las ideas. Que A + B expriman un cálculo ideal no es más admirable que do re mi expresen una pasión o un movimiento intelectual.

Un extraño entusiasmo que hemos visto es el de la ciencia emparentado con el de la muerte.

Ved cuánto hay de algébrico en la concepción, y de geométrico en la realización poética de Poe.

Frecuentemente se olvida que el pensamiento, la razón, el juicio son estados de la vida: nada más, nada menos.

En el fondo, nadie sabe por qué ni lo que quiere. Si como se dice, la libertad es un misterio, la voluntad es un monstruo ciego.

A pesar de todo, la victoria es siempre la última razón (ultima ratio).

Fijaos en el origen religioso del arte y en la fuente sentimental de las religiones.

Una de las utopías humanas es la absoluta bondad de la ciencia. La ciencia no es buena ni mala; pero el hombre sabe servirse de ella, como de tantas cosas.

Hay dos cosas extraordinarias en Schumann, la dolorosa castidad de las ideas, y la severa casticidad de la composición. Esta va a veces hasta hacer presentir los excesos logísticos de Wagner.

Hay en las humanidades primitivas o inferiores una invencible tendencia a buscar una sola causa, una sola vía, un solo fin, una sola explicación.

La distinción dialéctica entre el animal y el vegetal es fácil: proceso oxidatorio y desoxidatorio. En la naturaleza no: es imposible determinar matemáticamente donde comienza el animal y donde acaba el vegetal.

La naturaleza no concibe límites bruscos como el hombre. Todo es en ella graduación, subordinación, y un colorista diría, intensidades de matiz. Todo se limita en la naturaleza como los colores en el espectro crómico.

El que no ha sufrido aún no ha dado su medida. Por esto todo niño es siempre un valor problemático, y todo viejo uno axiomático.

La vida es siempre un millón de probabilidades. Esto hace la garantía y la justificación del arte.

¿Por qué no se puede fijar una filosofía definitiva? Porque es imposible fijar la vida.

La ciencia verifica, el arte vivifica.

¿Cómo pensar en la victoria eterna, si apenas hay tiempo y fuerzas para la temporal? ¿Por qué hacer una fuente de sufrimiento de la constatación de la relatividad de las cosas y de la inteligencia? Triste y genial tarea (Pascal) la de extraer dolor de cada axioma.

Poned vuestro sufrimiento en un poema o en vuestra plegaria, pero jamás en cosa u obra consagrada a la verdad.

La verdad está hecha de una piedra luminosa: ni ríe ni llora, pero alumbra. Belleza y verdad son las pomas de oro del jardín de la vida: servíos de ellas en vuestro provecho, pero sin detrimento de su dignidad, que no es otra que la vuestra.

Todo lo que en vosotros pierda el respeto de los dioses gánelo el propio respeto. Quien sin respetar nada no se respeta, está perdido.

El colmo de la miseria es el propio desprecio.

¡Si para juzgarse pudiese siempre servirse del mismo ojo con que se juzga a los demás! No hay negación que no se pueda transmutar en una afirmación.

Cuando escribáis tened siempre en cuenta que pueden juzgaros los más altos ingenios de vuestro tiempo y de la posteridad. Por otra parte, cuando obréis, pensad siempre lo que de vuestras acciones dirán los mejores y lo más nobles.

En todo y para todo, el animal más próximo y por consiguiente más útil al hombre es el hombre. Por esto, el adelanto de las ciencias y la cultura de las artes, lo mismo que el perfeccionamiento moral y la felicidad privada penden y dependen del lazo social.

La sociedad humana es una de las más grandes maravillas del principio de organización cósmica.

El hombre se contempla en su semejante, y busca en él su prueba y su comprobación, como en un espejo.

Hay dos egoísmos en el hombre, el de la especie y el del individuo. De un estado patético del primero ha nacido la caridad.

Todos hablan de sus ideas, y pocos las tienen; pocos hablan de sus pasiones, y nadie carece de ellas.

La fuerza de un juicio se mide por su verdad, la belleza por su claridad. En La Bruyhe el arte de escribir sobrepuja al de pensar, y tratándose de este grande hombre, ello es una inferioridad.

La verdad misma parece menguada en boca del diletante.

La verdad es a veces tan severa que rechaza toda ingeniosidad como superflua e inútil.

El grande arte excluye todo diletantismo.

Muchos ilusos creen que para hacer el arte basta conocerlo y gustarlo.

Se puede fingir una virtud que no se posee; es imposible aparentar una habilidad que no se tiene.

Hay de Montaigne a Schopenhauer una tendencia a sentimentalizar toda especulación filosófica, y esto en provecho propio.

Aun en los momentos de más alta metafísica Schopenhauer no olvida su persona ni su sufrimiento.

¿Qué es la doctrina del dolor del mundo, sino la universalización del dolor de un hombre? ¿Cómo la filosofía de Schopenhauer pudo hacerse popular en la Europa occidental, en un momento en que todas las fuerzas, ya morales como políticas, industriales como estéticas, tendían a una expansión extraordinaria, esto es a una mayor afirmación de la vida? La prueba de esto es que cuando en Francia, después del setenta, vino la depresión universal, nada fue más posible que la filosofía de Schopenhauer.

Schopenhauer tenía una asombrosa ignorancia de la ley de las corrientes históricas. He aquí por qué no comprendió ni el movimiento hegeliano en su tierra ni la explosión romántica en Francia.

La vida solo se aprende en medio de la vida.

Nada hay más absurdo que hacer en medio de la vida un hábito y un estado de la soledad.

La vida castiga cruelmente a quien sin renunciar a ella, la desprecia o menosprecia.

Todo sirve a la vida, hasta lo absurdo.

La cólera de los filósofos contra la muchedumbre es siempre injusta. Tanto derecho e igual necesidad tienen de ser comprendidos el filósofo como la canalla.

La profundidad de Pascal es tan excesiva que todo hombre fuerte y sano rehusaría llegar hasta ella.

El pensamiento al estado sublime puede llegar a ser un estado patológico. Se necesita mayor dominio del propio entendimiento y más neo emporio de ideas y experiencias para abordar la grande prosa que no el verso. Por esto, no se dan grandes prosadores, pero sí grandes poetas a los dieciocho años.

El artista que en su primera o segunda infancia no hizo algo prodigioso, dada su edad, no pasa nunca, probablemente, de la mediocridad.

Una naturaleza noble es siempre más accesible a las súplicas que a las amenazas.

La ciencia fluye del hecho como de una fuente viva.

Los mediocres son los que más dañan al arte y de los que mayor provecho saca la ciencia. Esta demanda obreros, aquél prodigios.

Todo método es una cientificización del entendimiento.

¿Qué nos queda del mundo griego? Algunos volúmenes de filosofía e historia, de poesía y elocuencia, y algunos fragmentos de piedra. Es todo, y sin embargo uno de los mayores tesoros de la humanidad.

Sin la herencia heleno-latina, es probable que aún estaríamos en plena barbarie medioeval.

Hay un Hamlet en la imaginación de los franceses que se dice shakespeariano, y que Shakespeare desconocería si volviese al mundo. Los franceses son capaces de apropiarse todo: ésta es una fuerza; pero al hacerlo lo falsifican todo: ésta es una flaqueza.

No es menos falso el Esquilo de Pierron que el Shakespeare de Voltaire. Hay ingenuos que desearían que la literatura degenerase en una profesión venal, como en otras partes. Esos vivirían de la musa como de una esposa complaciente.

Si la Ilíada se perdiese, todo el oro del mundo no bastaría para reconstruirla. Como una extraña antinomia del siglo de hierro, la más pura alma de artista ha nacido en Inglaterra. Nombré a Ruskin.

Los grandes hombres y sus obras son como las altas montañas: nadie las ignora, y sin embargo pocos subieron hasta ellas.

La poliglotía es común a los grandes hombres y a los pinches del comercio. Los primeros necesitan y se sirven de ella para universalizar sus ideas; los otros para generalizar su mercancía.

Shakespeare lo posee todo, menos el buen gusto.

201

¿Cómo es posible una grande cultura de ideas con exclusión del mundo heleno-latino? El camino más corto y más recto hacia él es el estudio del griego y del latín.

Porque todos hablan en prosa y prosaicamente, muchos creen que la prosa está a su alcance; y porque algunos han llegado a ritmar con los dedos se imaginan ya poetas.

Hay que distinguir los que viven de la literatura de los que viven para la literatura.

La ciega confianza en sí mismo solo deja de ser un peligro junto a la total desconfianza del azar.

La edad no preserva del error, pero sí el insomne empeño de conocerle y evitarle.

La cultura solo se mantiene por la tradición.

La tradición es la ley de la especie. Todo lo que en la especie escapa a su influencia perece o degenera.

La tradición es una ley de continuidad y solidaridad.

Es un arte estéril, espléndido y limitado el de La Rochefoucauld y sus semejantes. En el fondo es un egoístico eudemonismo intelectual. En esos moralistas el pretexto es la moral.

Sé lo que seas.

Lo mejor que del dolor se puede hacer es un elemento de fecundación y reacción.

Todos los venenos pueden ser útiles, hasta los morales.

Lo mismo que en el cuerpo, todo esfuerzo violento del espíritu desarmoniza su actitud.

No es el menor inconveniente de toda especialización el desconocimiento que consigo trae de los talentos ajenos y de las aptitudes de los demás hombres. He aquí por qué Aristóteles fue la más alta maravilla de la antigüedad, pues fue un hombre capaz de comprender todo y a todos.

Solo en algunas páginas de Beethoven se encuentran reunidas la más alta expresión intelectual y la más profunda intensidad pasional de que es capaz el hombre. Se puede dar una música más espiritual, como la de Bach (Oratorio de la Natividad, etc.), o una más patética, como la de Schumann; pero solo a Beethoven le fue dado llevar, en raros instantes de su vida, a un acuerdo que nadie ha alcanzado después, estas dos formas de la música.

Decidme, a quién admiráis, y os diré lo que valéis; decidme, a quién imitáis, y os diré lo que habéis de ser.

La originalidad no consiste en decir o hacer cosa no vista o inaudita, sino en decirla o hacerla según la verdad y la manera de uno mismo.

El más ridículo de los temores es el temor del ridículo.

No siempre un gran señor es un grande hombre, y viceversa.

Exceso de inteligencia no es la mejor condición para la felicidad privada; la deficiencia es también fuente de infortunio.

El mucho saber se hace un mal desde que impide obrar.

La acción es como el océano: su ley es el movimiento, aun en los momentos de mayor serenidad.

El contrapeso de la acción es la razón.

El milagro de la fortuna de alcanzar con acciones descabelladas y desrazonables fines armónicos y magníficos, consiste en que la razón cósmica suple a veces la deficiencia de razón humana.

A veces las cosas son más razonables que el hombre, su amo.

Es una increíble osadía [la] que ha hecho que el hombre considere su entendimiento como un polo, y el universo como el otro polo de todo cuanto existe.

La mayor vergüenza es no tenerla.

La voluntad del hombre se pierde en el seno de las fuerzas cósmicas, como sus cenizas en el seno de la tierra. Es posible que todo vuelva al punto de donde viene.

Las ciencias naturales de nuestro tiempo nos aproximan a una concepción matemática del mundo, no muy diferente del simbolismo pitagórico. Para ciertos pensadores, el mundo sería una cifra.

La ingeniosa concepción que hace de la física una mecánica molecular, y de la química una mecánica atómica, está basada en un axioma y en una petición de principio. El axioma es que la materia vive; la petición de principio es que todo elemento de vida, que toda fuerza viene de la materia misma.

Es verdad que la materia es más maravillosa que cuanto hasta hoy se puede imaginar.

Hemos llegado a un tiempo en que, sin la física, no hay metafísica posible. No siempre el interés de la ciencia se acuerda con el interés privado.

En Byron todos los héroes son el mismo héroe, como en Hugo todos los poemas son el mismo poema. En estos artistas la inteligencia no fue bastante fuerte para dominar y gobernar la personalidad sentimental del artista. En cambio, Shakespeare y Homero son como una selva natural, y en ellos cada unidad poética, qué digo, cada gesto y cada frase tienen la personalidad y carácter que tendrían un árbol o un torrente en plena naturaleza. En la Ilíada se encuentran dioses y héroes, batallas y paisajes, ideas y pasiones, todo, menos a Homero; y si éste está presente es como un genio divino que lo anima todo, invisible e irreconocible.

El hacer un arte personal puede aumentar la importancia del artista, pero amengua siempre la del arte.

Todos pueden sentir: tal es el milagro de la naturaleza; solo el arte puede hacer cantar o sollozar la piedra: tal es el milagro del hombre.

El arte en nuestro tiempo es casi siempre impuro. Unos lo han mezclado de psicología o de aberraciones semejantes; otros le han envenenado de un multiforme utilitarismo, y los más bajos le vendieron por treinta dineros.

El genio inculto puede llegar a la misma nulidad de producción que la cultura sin genio.

En toda prosa debe existir una armonía ideal; en toda armonía rítmica debe existir un fondo plástico de realidad.

Las lenguas tienen una armonía propia y natural que es preciso no confundir con la armonía ideal y humana.

La tarea del arte consiste en sujetar la armonía fugitiva y dispersa de las cosas a la armonía voluntaria de la inteligencia, y dar como resultado un algo nuevo y vivo.

El más grande enigma para el hombre es el hombre.

Unos gobiernan su vida aun en la desgracia; otros se dejan arrastrar por ella aun en medio de los honores y de la riqueza.

Quien a los veinte años no sabe lo que de sí haría a los sesenta, no nació para amo sino para esclavo de la vida.

El hombre es su propia labranza. Todo esfuerzo, toda cultura, todo ideal son en el fondo, por sí y para sí. Gleba misteriosa, misterioso labrador. Ni su locura deja de pertenecer a su hado.

También la inteligencia tiene una atmósfera indispensable, y está poseída del *horror vacui*.

El vacío, cuando se trata de lo impalpable e imponderable, se llama la nada.

Es menor mal no dar con la verdad que no buscarla.

Es propio del dolor retraer al hombre de fuera para dentro, por un movimiento de concentración que obedece a la seguridad de la vida.

Grande consuelo es conocer el origen y razón de nuestro infortunio, y el hombre superior se basta a veces de ello.

El supremo milagro de la razón es independizarnos idealmente de la tiranía del hado. Los antiguos lo sabían, como sabían tantas cosas que hoy se ignoran o se olvidan.

La acción exterioriza al hombre, y disminuye en él, mientras dura, todo estado reflexivo. Por esto la dificultad de pensar y obrar con la misma intensidad a un tiempo.

Hay un abismo entre la razón y la voluntad.

Todo soñador debería buscar, como su prueba y su comprobación, la guerra. Una dirección falsa en la vida no es las más veces más que una dirección incompleta. Todo busca para ser posible un equilibrio, y el hombre más que todo.

Cuando la naturaleza quiere, en uno de sus individuos, aproximarse a la muerte, no hace más que desequilibrar las partes e imprimir en ellas un movimiento de desarmonía. Pronto sobreviene una evolución que es la muerte del tipo primitivo, y a veces su total extinción.

Todo cambio fundamental considera el hombre como una muerte; toda muerte humana es para la naturaleza un cambio.

También la muerte es un símbolo.

Dos cosas semejantes son la repugnancia por la acción plenaria, en el solitario de vida interior, y la cobardía del profano por toda aventura ideal. El antiguo terror sagrado es una forma de este último estado.

El héroe y el poeta son los dos polos del hombre.

La acción ciega es la fuerza en la sujeción; el pensamiento puro es la libertad en la impotencia, y ambos son verso y reverso de nuestra vida.

La diferencia entre los simbolismos paganos y los cristianos consiste en que, en los primeros el hombre primitivo y fuerte toma conciencia de la naturaleza, y en éstos el hombre pobre y triste toma conciencia de sí mismo.

Las más geniales miradas que el hombre haya jamás derramado sobre la naturaleza parten de la antigüedad. Ni una sola de nuestras grandes concepciones cósmicas ha escapado a los griegos. En cambio, lo que de nosotros mismos conocemos viene del mundo y de la era nueva, de modo que la era cristiana debería llamarse la era del hombre. Psicología es una palabra griega que los griegos ignoraron.

207

El fondo de la tragedia griega no es la pobreza y la miseria humanas, sino la implacabilidad y horror divinos.

El eje y resorte de la tragedia griega es la religión del Hado. Por esto no hay arte trágico posible en pleno cristianismo, desde que el hombre ha cambiado de ojos para verse y para ver el mundo.

La tragedia clásica es para los griegos una expresión más característica y personal que la epopeya homérica.

Vuestros coetáneos, al revés de la posteridad, os concederán más fácilmente amor que admiración.

Si el hombre conociese mejor las leyes de la vida, se quejaría menos.

Quizá es más fácil ser sabio que ser bueno.

La concepción de una humanidad superior se matiza según quienes la conciben: así los franceses dicen un grand horror, y hay un sentido de gloria en su concepto; los alemanes dicen un superhombre (*das Uebermenschliche*, lo sobrehumano), y en ello hay una intención de sublimidad mental; y en fin los castellanos dicen un prohombre, y en su imaginación hay la grandeza moral y el valor del corazón.

Solo los ingleses ponen toda grandeza en ser un hombre, nada más, nada menos; y el grande pueblo habló ya por boca de Hamlet: *He was a man, take him for all in all*, etc.

Ya en Schumann se marca el divorcio armónico e interior de los ritmos, de que tanto abusara después la orquestación sinfónica.

En verdad, existe un arte de vivir que también demanda todo el talento, la fuerza, la delicadeza y la grada de un virtuoso.

Cada uno, el más humilde, según sus fuerzas, acaba por atesorar su poco de saber, y por adquirir una actitud y una manera.

Cuando en vuestras cosas o en vuestro corazón se presente lo irremediable, cruzaos de brazos y apelad al tiempo.

Ni la muerte es absoluta, y hay una gradación en su proceso. La tenacidad es un signo de grandeza.

Los que han nacido para la grandeza prefieren poseer grandes defectos que pequeñas cualidades.

Es posible que lo que parece más contradictorio no sea más que disparidad de grado.

Si las cosas no tuviesen su ley por encima de la voluntad del hombre, hace tiempo que éste habría devuelto el mundo a su primitivo caos.

Una de las más exactas medidas del hombre es su capacidad de sufrimiento. El pensamiento aparece como el águila: cuanto más alto, más sereno y más seguro.

Al contrario de lo que con el sentimiento pasa, el pensamiento gana siempre intensificándose.

Las fuerzas, lo mismo que la materia, se subliman y sutilizan indefinidamente. También en ellas se encuentra una ley de graduación y subordinación.

¿Cómo clasificar el pensamiento en la gama de las fuerzas? El pensamiento es como una vibración incomprensible, semejante a la titilación astral y como hecho de millares y millares de pensamientos. La unidad y la personalidad del pensamiento son contradictorias, como la unidad y la personalidad de la vida: un plural innumerable.

Todo conocimiento es una fijación y una limitación. He aquí por qué la ciencia se asemeja a la muerte.

Lástima que el hombre no pueda comparar y estudiar su pensamiento en todo el reino animal, como puede comparar y estudiar sus pasiones e instintos.

El hombre encuentra millares de otros seres que quieren tanto o más que él, pero ninguno que piense. Esto le ha valido para aumentar su poder, y también su sufrimiento.

Si el hombre propusiese al león cambiar, por todo lo que a éste sobra de voluntad, todo lo que a aquél sobra de entendimiento, es probable que el león rehusaría.

Las diversas lenguas se placen en concebir el sufrimiento como un estado de sujeción violenta bajo un algo extraño y tiránico. Sufrir quiere decir sobrellevar. Una fecunda investigación que hará la ciencia del porvenir será la del estado de relación y posición atómicas de nuestra sangre o de nuestro cerebro, en el momento de sufrir.

La astronomía, la lingüística, la botánica son otras tantas arquitecturas en que se formaliza la ley de relación; pero otra más admirable y menos accesible, y que recién se empieza a imaginar, es la arquitectura química.

El cálculo, el dolor, el proceso lírico y toda actitud o movimiento interior, son estados de vida, esto es, de fuerza, y como tales, pueden ser reductibles a un común denominador. Faltan los medios de mensura. Lo que diferencia estos estados es ante todo la intensidad dinámica; luego lo que se llamaría la dirección biótica, esto es, la dirección de más a menos o de menos a más; y en fin la manera. Estas diferencias se reducen a saber el cómo y el cuánto de las fuerzas.

Al punto a que han llegado las ciencias, todo esfuerzo debería tender hacia el estudio microbial y microplasmático de la materia. Los cambios más trascendentes de la vida se operan en lo imponderable y lo invisible.

Todo método científico debería tratar de ajustar el proceso intelectual con el proceso de la naturaleza que se estudia. Cualquier desacuerdo trae un retardo en la ciencia, y a veces un error.

En la investigación científica no faltaron genio ni voluntad a los antiguos, sino método.

El método es ahorro de esfuerzo y de tiempo.

No de todas nuestras necesidades tomamos siempre conciencia. Hay fatalidades que dominan nuestra vida y que nuestros sentidos no perciben.

La capacidad de tomar conciencia no es igual en todos, y más bien puede darse gran divergencia de estados. Hombres hay sobre quienes pasa el hecho como la ola sobre la roca, y otros sobre cuya conciencia corre la vida como lava sobre cera. Hay pues una escala conciencia!.

La cultura interior del hombre consistió en cierta época (edad media) en sensibilizar su fondo conciencial hasta la seraficidad o la locura.

El hombre no puede abusar de una de sus facultades sin que las demás se resientan. La grande mística de la edad media solo es comparable a su grande oscuridad intelectual; la intelectualidad de la decadencia bizantina solo es comparable a su inmoralidad.

El individuo es un resumen de todas las fuerzas de la especie. Toda la sociedad está en el individuo, como el encinar está específicamente contenido en la bellota.

Hay espíritus generales cuyo escollo es el detalle; otros tan minuciosos que jamás alcanzan por sí a una concepción sintética.

Cuando la pasión, en el individuo o en la muchedumbre, comienza a simbolizarse, es que comienza a perecer. No hay pasión simbólica.

Todo lo que muere o lo que se sueña llega a ser un símbolo en la inteligencia del hombre. El símbolo es la más humana de las fuerzas cósmicas, y la más importante tal vez en la evolución hominal. El cristianismo es un símbolo que ha removido el mundo.

Toda virtud que amengua el valor y el valer propios es una mala virtud. La naturaleza posee también un estilo, y es el supremo.

El orgullo de nación solo deja de ser ridículo cuando se refiere a sus buenas costumbres o a sus grandes hombres.

La civilización se distribuye equitativamente en las naciones de Europa; la cultura no. Hay entre ambos términos una relación semejante a la que Montesquieu señala entre salvajismo y barbarie.

Dos cosas justas, útiles y naturales, el sueño del cuerpo y el ensueño lírico, por vicio o por mala inteligencia, se reducen a dos placeres: no abuséis de ellos.

Escribir bien es todo un arte; no lo es menos leer bien.

En los libros, esto es, en los espíritus que se lee, siempre hay algo distinto que observar, aunque no fuese más que la manera. Cada hombre dice sí, no, según su manera.

Nuestra época simplifica, si se trata de ciencia, y complica, si se trata de arte.

Fascículo segundo 1924

La misma verdad pide un diverso traje conforme al diverso tiempo. Mas el hombre aprovechado sabe el arte de desnudar toda verdad.

Para todo aquello que el cristianismo no enseña debe un espíritu libre y sano buscar en otra parte. Así el forjamiento y disciplina de la inteligencia, la audacia mental tan necesaria para la ciencia y el arte, el amor a la vida y su complemento el sabio desprecio de la muerte; la libertad mental con todos sus peligros, éstas y otras cosas más sutiles solo puede aprenderse en la India, en Greda o en Roma, pues el cristianismo las ignora o necesita ignorarlas.

Las pasiones son formas informes, si cabe; las ideas son fuerzas que no lo parecen. Conocerlo a tiempo y en concreto da la seguridad del presente y el dominio del porvenir.

Un signo de la imperfección de la metafísica es su falta de claridad. Los ingleses y los indios son los que más hicieron por aclararla, y así la sirvieron, revés.

El pensador es un alquimista teórico, el político uno práctico. Ambos ensayan el arte de transmutar ideas en pasiones y pasiones en realidades, o al revés. El más grande cristiano, Pascal; nuestro mayor pagano, Goethe; el mayor ateo, Buda. El más remoto abuelo conocido de César Borgia, Catilina. En el vértigo climatérico hay una altura en que la sabiduría es del todo semejante a la locura.

Hay una verdad máxima y última que corresponde a cada tiempo y cada estado más allá de la cual ese tiempo y ese estado no pueden ir ni comprender. Hay que alcanzar siempre esa verdad relativa que entonces tiene un valor de absoluta. Sobrevienen otro tiempo y otro estado, y una verdad mayor (y para el caso mejor) se suplanta a la primera. La respuesta al profundo Poncio sería: la verdad es lo que tú estarías obligado a saber si no fueses tú mismo la mentira de tu tiempo. Esa verdad era Cristo; lo será aún por mucho tiempo.

Hay pensadores meridionales y católicos que envidian entristecidos la reforma protestante cual si fuese la plena aurora de toda libertad verdadera. Otros protestantes nórdicos que añoran el romanismo del mediodía cual si fuese el hogar de toda vida y de toda eudemonía. *Aman! alterna Camoenae.*

El arte es como la primavera idéntica y diversa. No hay dos siglos ni dos lugares iguales en su arte; pero es inmortal y ubicuo el Arte.

Lo que más agota al fuerte es la continua satisfacción; y la necesidad podría aun resucitar muertos.

Como en lo físico hay también en lo moral y en lo intelectual un *horror vacui*, más allá del bien y del mal, y también más allá de lo lógico y lo ilógico.

La conciencia que comprueba el eterno flujo de las cosas (*panta rei*) participa a un tiempo de la declinación eterna y de la eterna inmovilidad. Solo así aquella comprobación es posible.

La ironía cuanto más sutil es mayor prueba de potencia intelectual. Burlas hay más profundas que las mayores veras; y es probable que hasta hoy Sócrates sea el mayor pensador humano, sin que por ello sea el mayor benefactor ni benemérito.

La ironía en sí es pura *vis sine materia*. Vive de lo ironizado y lo ironizante, como la negación vive de lo negado y lo negante. En lo dialéctico la ironía es una fuerza levísima y potentísima, y acaba por poder más que toda refutación y que todo argumento constructivo.

Apenas el hombre va demasiado lejos en el sentir o en el pensar, luego cae en lo religioso y mítico, como Buda y Jesús, o en lo enigmático y esfíngico, como Sócrates y Platón.

La salud perfecta jamás habla de salud ni de enfermedad. Noticia a Nietzsche y muchos griegos.

De lo más hondo de su ser nace en el hombre el deseo de libertad, y la desea tan grande que el solo aproximarse a su realidad (si tal es posible) le dejaría estupefacto y aterrado.

De lo que menos duda el vulgo es de su libre albedrío que la ciencia justamente se inclina cada vez más a negar.

Es probable que el pensador que más entrañase el concepto griego de mesura fuera Epicuro. Aparentemente lo sería Sócrates; pero su último pensamiento recóndito queda siempre enigmático y sospechoso.

El más grande cristiano, Pascal; nuestro mayor pagano, Goethe; el mayor ateo, Buda.

El más remoto abuelo conocido de César Borgia, Catilina.

En el vértigo clímatérico hay una altura en que la sabiduría es del todo semejante a la locura.

La mayor virtud es una de apariencia negativa: no ya practicar el bien, pero abstenerse de todo mal.

En toda fuerza existe un fundamental elemento negativo. Todo proceso continuo llega a asumir una forma cíclica.

Hugo artista de un arte casi libertino es en el fondo más religioso que Leconte de Lisle. Es porque el verdadero espíritu religioso es libertad en el fondo.

Se ennoblecen las cosas al simbolizarse, pero también se empobrecen.

Hay lenguas por sí más profundas que otras como si a la misma palabra unas dieran un mayor o máximo sentido. Cuando se abandona el pensamiento oriental ciertas palabras y conceptos del pensamiento occidental resultan

215

pobres de significado y como pertenecientes a la nomenclatura de una ciencia pueril. Casi toda nuestra física y metafísica deberían revisar sus nomenclaturas.

La ineficacia pragmática de ciertas verdades viene de que a veces pertenecen a una etapa evolutiva muy superior a la alcanzada por cualquier humanidad actual.

Toda educación es una educación, y aquí se comprueba la mirífica *proprietas verborum* que sorprendía a Séneca.

Solo es posible investigar la voluntad y la inteligencia cósmicas como reflejadas en lo humano, como la acción de la naturaleza solo se puede estudiar con fruto comparada con la del hombre.

En América las generaciones deben preparar la vida como si un día el viejo mundo debiera sumergirse en el océano y dejarnos solos en el planeta.

El conocimiento es una verdadera identificación y es el hecho más temible de la vida interior. Es más que una inmersión del cognoscente en lo conocido; y hay en el conocimiento un misterio análogo al genético.

Todo conocimiento es limitación y delimitación, y en esto se asemeja a la muerte.

Para la obra artística los griegos enseñan la medida, los romanos muestran la fuerza, los ingleses la libertad; pero la facultad desconocida será para nosotros de origen indo-español.

El sortílego encanto de la mitología griega viene del misterio en que envuelve hasta hoy sus orígenes, y además de que parece la vida misma simbolizada. El verdadero platonismo arquetipal está en aquellas fábulas. Tienen algo de la eterna belleza de las Ideas.

En el arte dramático hay dos acciones, una escénica y otra psicológica o interior. Ambas se combinan indefinidamente.

Cuando la verdad alcanza un plano supremo se convierte en virtud.

Lo característico en Jesús es lo pragmático, en San Pablo lo teorético de la doctrina.

Hay en la historia de las ideas religiosas un rasgo agónico y sublime que no existe en la historia de la filosofía.

Subyace bajo el arte del sonido uno que podría denominarse el arte del silencio. Este es más difícil de conocer y más aún de ejercitar. A veces un espacio insonoro dice más que la nota vibrante. Siempre lo inexpresable será más que lo expresado.

A pesar del rasgo individuado de cada arte, un alma común anima a todas; y así se puede hablar de la musicalidad de la piedra labrada, del matiz sinfónico, de la plasticidad poemática, etc.

La mayor sed del espíritu humano es de unidad, y para alcanzarla se inventó la muerte. La metáfora es una tentativa imaginaria para alcanzar aquella unidad entre diversos planos mentales.

La regla es que una excesiva elevación mental despasionaliza al hombre en proporción. En San Pablo la experiencia es inversa: cuanto más sube arde más.

Una afectividad exquisita o una inteligencia suprema son casi siempre ineptas para la acción. La acción es el dominio de la mediocridad, y vivimos en la era de la acción.

Hay en la nomenclatura griega tal suma de sentido como no posee otra lengua. La lengua griega por si es un pecho de ideas: tanto los griegos impregnaron el son con la esencia de las formas, si puedo expresarme así.

Como contraste conozco lenguas primitivas que parecen una ebullición de afectos y sentimientos.

Todos se miran en los ojos de sus semejantes; solo el sabio se escucha en la voz de su prójimo.

La ciencia es inquietud de la inteligencia; la sabiduría paz del corazón. Cuando se ha instituido la propia vida en propia cultura el tiempo es clímax y los años peldaños. Cada día es ascenso, y el mismo hecho, el mismo libro ofrecen un nuevo horizonte y una nueva ciencia en cada nueva hora que se vive. La Ilíada diez veces y en diez épocas leída son diez Ilíadas. En un sentido espiritual renovarse es renovar el mundo.

El astro que fulge y el ojo que lo ve tienen un punto de naturaleza común: sin él no habría tal visión.

Hay en el griego de Platón algo mítico que los más creen poético, y que en el fondo es religioso, y que no existe ni por asomo en la prosa científica de Aristóteles. Este escribe casi siempre como Spencer; aquél casi como Visvamitra.

Hay una sabiduría implícita en la lengua que es *proprietas verborum* para Séneca, y es perfección arquitectónica y razón previa para los razonadores del Veda. En la construcción de la lengua hay un reflejo de la arquitectura del mundo.

Como los buenos libros son pocos, cuando se los ha leído ya no tienen verdades particulares que enseñar; pero se sigue leyéndolos no por lo concreto de lo que dicen, mas por lo universal de cómo lo dicen. Así el botánico que conoce todas las plantas de un bosque vuelve al mismo a solo contemplar el inagotable sentido de las formas. De joven se lee por aprender, de viejo por contemplar.

Se comienza estudiando las lenguas como instrumentos de conocimiento, y al fin éstas se hacen materia de conocimiento.

Hay cierta tontería con trazas de agudeza. Es la peor por incurable.

El orgullo que es un vicio sirve a veces a la virtud. Algunas veces solo por orgullo se deja de caer en flaqueza o en error.

Las lenguas son como los árboles. Unas se desenvuelven plenamente cerca de sus raíces, como el griego y el sánscrito; y otras muy lejos de sus raíces, como el castellano, y son todo epifánico follaje.

Porque el arte es un divino juego muchos creen que es cosa de juego.

No midáis el favor de los dioses por los bienes recibidos sino por los males no llegados.

Hombres hay en quienes las ideas pronto se convierten en pasiones; otros maravillosos en quienes luego las pasiones se convierten en ideas. Aquéllos fabrican la historia; éstos la iluminan.

Un legado indo y pensativo hay en Alemania, y otro semítico y religioso en las Rusias eslavas.

Hay un descontento superior que no se satisface de ningún bien material, ni del amor, ni siquiera de la creación artística.

Mayor es la estabilidad en el mundo de las ideas que en el de los hechos. Sabemos transformar todas [las] cosas en pensamientos pero no todos [los] pensamientos en cosas. Una es facultad de hombres, otra de dioses.

La más alta felicidad es siempre inconsciente. Toda dicha se ignora a sí misma. Unos poseen las cosas; otros solo la fuerza de crearlas.

Es sabio preverlo todo; más sabio dejar algo al destino.

Lo que no es una realidad es siempre una posibilidad; y no hay cosa que no comenzase por posible.

Un libro que no está tejido del hilo mismo de la vida es vano y perecerá.

Nihil admirari puede ser muy sabio pero es muy infecundo.

La obra del mismo pensador es siempre desigual: unas veces muerde la carne de la vida como una pulga, otras la ahonda como una puñalada.

Hay un reloj para el sentimiento, otro para el pensamiento. Acordar la hora es la mayor tarea, como para Carlos V.

El hombre de Estado, como el matemático, vive de calcular lo infinitesimal incalculable.

En toda peripecia histórica hay siempre un quid o un quántum imponderable e impreciso.

Como el poeta un poema, hace la naturaleza la historia natural o humana. La acción indiscontinua agota al mayor actor.

Importantísima la ley de la acción: más aún la del reposo.

Pensar es al pensador lo que esculpir para la piedra: la desgasta pero la esculpe; y así quien piensa es a un tiempo escultor y escultura.

Ya en Platón la dialéctica es sofismo aunque al servicio de la filosofía. Después la filosofía acaba por servir todo sofismo, y es la decadencia.

En Cicerón el erudito es más que el sabio, el orador más que el erudito, y el retor más que el orador.

Los que admiran a ciegas la constitución inglesa no han visto junto al elemento romano y griego el chinesco de que habla Burke.

En Francia la cordura se envuelve de futileza, y en España la locura se emboza de gravedad. Como en América aprendemos de Francia y heredamos de España, solo alcanzamos la futileza de los unos y la locura de los otros.

Los antiguos sabían mejor encontrar la verdad; los modernos saben mejor aprovecharla.

Envuelve Platón la sabiduría en palabras de sofistería como Shakespeare en palabras de locura.

La sutileza que viene de la luz de la inteligencia se convierte en velo de oscuridad cuando es excesiva.

La ironía socrática se queda inexplicable e inexplicada. Tiene de la comedia humana por su modestia burlona y resabida, de la sátira por la condenación del vicio, de la religión por sus fondos estoicos, y al fin de la esfinge por el velo de palabras en que envuelve reticencias misteriosas. Saber que nada se sabe pasa por agudeza profunda y es la mayor inquietud.

La última misteriosa ironía de Sócrates es su muerte. Su cara roma de Sileno se acuerda mal con ese fin prometeico, esquiliano, más aún, mesiánico, casi mítico. La implacable sonrisa socrática enigmatiza más ese Gólgota pagano. Es posible que Platón reservase la clave de ese misterio.

La obra de Shakespeare, ¡qué museo de almas! La de Platón, ¡qué *pecilo de inteligidas*! Como la vida, el diálogo platónico acaba siempre sin acabar. Aquí lo del otro sabio griego: es más la mitad que el todo. Ignora estos refinamientos de la sabiduría la modernidad que conoce todo menos la medida.

Funde Platón lo eterno con lo transitorio a punto que a veces no se distinguen. Espistemónica y metodológicamente es un error; pero es el mayor acierto para una filosofía que ya alcanza a sabiduría.

Los más no viven en la esperanza de vivir.

Muchas cosas se saben como si no se supiesen porque jamás se las sintieron. Otras solo se sienten, y son más y menos que si se las supiese.

Una de las mayores penas de la vida es que según se avanza, todo, hasta el arte se desvaloriza.

Una teoría del dolor está aún más en manos de la religión que de la ciencia, y ésta falla en este punto.

Cada vez hay más la ciencia de las religiones; cada vez menos la ciencia de la religión.

Es el dolor para el sabio una claridad, para los mansos una llama purificadora, para los más un veneno inevitable.

Dolor que no ennoblece, envilece.

Hay un coraje solitario que pocos pensadores conocieron: osar ciertos pensamientos.

Los sufrimientos son como cordilleras mágicas: se alcanza una cumbre y siempre aparece otra mayor.

Convida la vida en su extraño convite manjares que son venenos y venenos que son manjares.

Lo que primero se apercibe del mundo es la cantidad, después la calidad. La bestia solo en las especies superiores se aproxima a ésta.

Guardaos de la canalla: sus miserias afectan y sus alegrías rebajan. Como hay un arte de dar, existe una necesidad de rehusar. Guardaos de los dioses cuando os abrumen de sus larguezas.

Hay un amor de sufrimiento, subconsciente, y que es la raíz de todo patetismo y tal vez de toda caridad. Toda ciencia del dolor debe tener en cuenta esto.

Saber cambiar es saber vivir.

A veces la fuerza consiste en no obrar.

No pidáis a los dioses la carencia de males sino el medio de combatirlos. Un verdadero dolor es siempre raro y caro como un verdadero diamante. No entontece menos el fetiquismo científico que el religioso.

Espíritus hay y no los menos altos, para quienes en sujetarse al yugo religioso consiste, ya que no la salvación, la salud.

Ciertos hombres necesitan conceder en su vida mayor espacio a la fatalidad: en cambio otros solo pueden vivir siendo en cierta medida su propia pro videncia. Como este último concebía Panetius al sabio antiguo.

Escribir profundamente es en cierta manera entregarse. Una virilidad burlona acaba siempre por ser burlesca.

La mayor realidad conocida, vivir; el supremo placer, crear.

¡Si el solo mal humano fuese el no poder sino el mal! Mas, el mayor mal es no poder ni el mal.

Solitario destino: otros viven diversamente, dispersamente; mas el pensador se consume en sí, como la cera, alumbrando.

El hábito reflexivo modera y mesura la acción, y si es excesivo la anula. El pensamiento del Veda es más grande e inaccesible que el de Buda. Este como Jesús hizo una religión para hombres, aquél para semidioses. Allá es la religión del conocimiento, aquí del amor. Mayor libertad en la una, más fuerza eficaz en la otra.

El alma griega, como hoy la conocemos, está más cerca del espíritu vedantino que del budista. El terror al mal esencial de la vida que es cristiano y budista, no existe en Homero ni en los Rishis.

Un extraño destino hace converger hacia el mismo trivio milenario al judío mesianista, al europeo medieval y fanático y al oriental odocrático y budista.

La sola religión exenta de patetismo y sentimentalidad en lo posible, es la del Veda. Averiguar si ello importa una definitiva superioridad.

La magia y la flaqueza de Grecia es su sumisión al instinto de la belleza. Es probable que la ruina romana provino de su culto y sumisión a la fuerza pura. En Roma fue el derecho el más glorioso servidor de la fuerza.

La serenidad griega está en los libros y estatuas griegas más que en los griegos. Y lo que hoy sobrevive de Grecia es su ataraxia ideológica y divina y no su turbulencia real y humana.

Cuando una doctrina culmina en un pueblo o en un siglo, hay que investigar qué mal o qué necesidad hubo de curarse o satisfacerse en ese pueblo o en ese siglo.

La necesidad es sentida de todos y entendida de nadie. De ella vienen todo mal y todo bien; se aumenta con la ignorancia, y es fuente de toda ciencia. No hay mayor desdicha, y por ella nace toda felicidad. Los dioses y los hombres, la ciencia y las religiones, todo está bajo su férula; y es tan absoluta y ubicua que parece ser la esencia íntima y ultima ratio de todas las cosas.

Uno de los nombres de la necesidad es Lex, Nomos.

La necesidad de los antiguos era más bien saber, la de los modernos más bien poder. La posteridad buscará tal vez alguna felicidad humana, *eutykhein*.

Ni el mucho dinero ennoblece al advenedizo, ni el mucho papel que imprime desasna al filisteo. Después de todo y tanto, te quedas lo que eres, dice Mefistófeles, *was du bist*.

Siempre ennoblece el dar; siempre desmedra el recibir. La verdadera libertad es siempre un hecho interior.

Cuando el pensamiento es visible se llama acción, cuando la acción es invisible se llama pensamiento.

Las acciones de los más son como flechas ciegas: saben de donde parten mas no donde llegarán.

La peor desinteligencia no es de ideas sino de sentimientos.

No se sabe si la muerte enseña algo; pero sí se sabe que es una forma de libertad.

Ni la acción ni las pasiones aproximan tanto a la muerte como el pensamiento. El griego afirmaba que todo pensar (*philosophein*) es una práctica de la muerte.

Sueñan quienes hablan del crepúsculo de los dioses. El paganismo vencido aparente es un vencedor real. Ni Eros que es el deseo, ni Afrodita que es la belleza, ni Ares que es la fuerza, ni Zeus que es el poder, ni Dánae o el Becerro que son la codicia, dejan de fanatizar a los hombres, ¡y cómo! Así perduran las cosas debajo de sus nombres muertos.

Kant nos ha enseñado los límites de nuestra ciencia. Quien nos enseñe los de nuestra ignorancia nos hará gracia igual o mayor.

Dioscórides observó que la fuerza de los dioses es invisible. No alcanzó a comprender que toda fuerza es siempre invisible.

Epicuro comprendió el peligro griego de la excesiva apariencia (*epifaneidad*) en la vida. Ese peligro existe hoy mismo, y la necesidad del consejo: *lathe biosas*.

Mueve la tragedia antigua lo divino, y algo mayor que los dioses, el hado, lo fatal. Mueve la tragedia moderna la voluntad humana, y así es más libre si aquélla más divina. Tras de Edipo o de Prometeo se mueven las gigantescas sombras de los dioses; tras de Macbeth o de Lear solo se agita la locura humana. Lo que ganó la tragedia de libre y común lo perdió de religioso y sobrehumano.

Cuanto más se humaniza el arte tanto más se desdiviniza. Este es criterio entre lo moderno y lo antiguo. Como la distancia entre ambos es grande su desinteligencia es igual. Para entender a Homero o Esquilo no basta aprender el griego; hay que aprender a sentir como los griegos; y éstos están hoy más cerca que de nosotros, de un niño que los conociese o de un Goethe que sobrepuja lo común.

Todo ideal es una mera idea sentimentalizada. Generalmente cuanto más sentimentalizada tanto más eficaz y tanto menos verdadera.

Las ideas, como las semillas: más que ellas importa lo que proliferan. Las más altas son las que hacen pensar más; las más nobles las que hacen sentir mejor. Así, según el hombre, se saca de unas calor de vida, de otras luz.

No hay venganza como el olvido. Lo saben de instinto dos especies que viven en estado apolíneo y demonial: los poetas y los amantes.

En todo providencialismo hay un algo femenino, como en todo fatalismo cierto *masculum quid*. Allí es la piedad y la esperanza; aquí la razón y la fe. Aquél cree en toda posibilidad; éste en la inmovilidad sustancial del mundo. Más dinamismo hay en toda Providencia; pero el Hado es el Illimani de la verdad y el orden: Cosmos.

Si la lengua española desea ganar en precisión y orden tiene que aproximarse al carácter de las lenguas nórdicas, sus hermanas. De las lenguas helenolatinas solo el latín cobró un rasgo que se llamó lapidario y pudo ser broncíneo por su fuerza y precisión. Lo que el griego gana de elegante y musical lo pierde y lo arriesga de ambiguo o laxo. El mismo Platón es delicuescente a veces.

Tienen las lenguas un rasgo genérico y genial sobre que lo personal e individual no puede. Hasta la bobería en inglés es siempre clara y comprensible; y a la misma necedad en francés no le falta cierta elegancia.

Como siempre las acciones corresponden a las intenciones, lo que solo cuenta como índice en la propia biografía son los instantes en que se sintió con menos egoísmo o se pensó con más verdad.

Tan hondo fueron Homero y Shakespeare en la naturaleza que desaparecieron. Pronto la posteridad dudó de su identidad. Son casos en que la suma verdad acaba por consumir toda personalidad.

Las secuelas de la guerra, como las del tifo: peores que la enfermedad. Verdaderamente el genio inglés ganó la guerra y una verdad: la necesidad de dejar algún día la hegemonía del mundo.

Toda guerra es siempre amenaza para el imperio y esperanza para la servidumbre.

Con la verdad como con las costumbres: unos persiguen la cosa; otros se contentan con la apariencia.

Una cosa triste y maravillosa es que detrás de la mayor verdad siempre aparece otra verdad más verdadera.

En general por el sentimiento nos aproximamos a las bestias y por el pensamiento a los dioses.

Apenas la razón se eleva sobre el común que ya ésta se juzga desrazón o locura.

Cordura es la razón templada en el corazón.

El realismo trascendental de Platón aparece en su exilio político de toda poesía; y hay un contraste entre esto y su genio, el más poético de la filosofía antigua.

No hay exhaustión posible en el conocimiento. Intuye genial Hamlet cuando habla del corazón del corazón, y siempre queda por conocer un alma del alma de las cosas. Substratos de substratos; y en una perspectiva que es introspección, «horizontes que siguen a horizontes».

El mal de los hombres no siempre consiste en no hallar la verdad, sino en poseerla y no creer en ella. Doquier y en todo tiempo hay Casandras y clamantes in deserto.

En todo libro de ideas siempre hay una voluntad pasional patente o latente que importa descubrir; en toda obra de estética pura a veces hay una trama de ideas tanto más difíciles de descubrir cuanto más irresponsables.

La primera dificultad del crítico, desenmadejar y ordenar las ideas de la obra, si las tiene. Pero la mayor tarea, sorprender la extensión y calidad de las pasiones del autor que nunca faltan. Estas *generaliter* explican a aquéllas.

Predomina lo subjetivo en la religión, lo objetivo en la ciencia, y una voluntaria mezcla de ambas en el arte.

Consuma el arte lo que las creencias esbozan y reesbozan siempre y lo que las teorías no concluyen jamás. Tiene aquél de acción plenaria y resuelta lo que estas últimas de pasión o de pensamiento.

Las criaturas del arte, con ser facticias, alcanzan mayor universalidad y perdurabilidad que las naturales.

La influencia real de Don Quijote es hoy mayor que la del mismo Cervantes, a no ser que se identifique a ambos lo cual sería falso e injusto.

El deseo es la forma más aguda y más subjetiva de la necesidad.

Yerran los etimólogos al derivar necesidad de ne-cedo, cuando la verdadera etimología es nec-esse.

Da una idea aproximada del gran valor del silencio en todo arte sonoro el uso que Rembrandt hace de la sombra y de lo negro.

No es tanto la matemática pura que dará la última razón a Einstein cuanto los *Upanishads*, el capítulo de Kant sobre *Estética trascendental* y los primeros capítulos del *Timeo*.

Tiene la inteligencia su hora, y no adopta ciertas verdades unas veces por falta y otras por exceso de madurez.

Es una profunda necesidad del hombre, obre bien o mal, de dar una razón de su obra.

Cuanto menos intensa la vida tanto más indeterminada se hace.

Qué importa no poder sobre los demás si ya es bastante poder sobre sí mismo.

Nada más ingenioso que el miedo.

A veces el interés de la vida consiste en ignorar, y cuando no se puede, en olvidar.

Tratad de cultivar una tierra que responda siempre. Nada hay peor que laborar en vano.

La filosofía, sobre todo en su forma clásica, es como una poesía matemática. Una de las necesidades de nuestra lengua es matematizarse, al revés de las lenguas germanas.

Shakespeare y Cervantes sabían el arte de hacer hablar a la sabiduría por boca de la locura.

Siquiera una vez en la vida es útil haberse aproximado voluntariamente a la muerte.

Dichoso el dolor cuyo sollozo estalla hacia afuera.

Todo germen revolucionario comienza por ser semilla de desorganización. Algunos buscarían la emoción hasta en un teorema geométrico.

En Ibsen pierde el poeta cuanto el médico gana.

Una infancia sin gracia, una juventud sin pasiones, una virilidad sin orgullo, una vejez sin sabiduría acusan pobreza o aberración de naturaleza. Todo el milagro de la naturaleza consiste en adecuar una forma de vida, en el lugar e instante justos, a cada individuo. Como siempre aquí hay una ley de relación.

Fatalidad de la vida es el eterno deseo (*entbehren*).

El hombre da, la mujer se da.

Una relación de polaridad existe en la especie. Como todo lo que vive, ésta se agrega y desagrega, y estas dos fuerzas, centrífuga y centrípeta, se polarizan en ambos sexos. De tal manera en la historia que es como una estratificación sintética de la especie, se descubre un elemento femenino de estabilidad y conservación, mientras el factor masculino es todo evolución.

Es fatalidad del genio emprender empresas no ya grandes sino mayores que sus propias fuerzas.

Para un grande espíritu las batallas y victorias decisivas son siempre interiores.

Es rasgo de Schopenhauer el espíritu de organización; lo es de Nietzsche el destructivo y turbador. Zaratustra es la semilla ideal de la ruina alemana posterior.

Si toda sabiduría está vinculada con el espíritu de orden y arquitectónico, en Nietzsche hay siempre el pensador o el artista, pero jamás el sabio.

No da a Goethe la mayor grandeza su universalidad a la manera de Aristóteles o Voltaire, ni su solidez mental a la manera inglesa, ni su propio dominio a la manera romana, sino su fulgurante creatividad que le hace un contemporáneo de Benvenuto y Leonardo. En ese punto culmina sobre todos los hombres de su siglo. Y si es menos profundo que Kant en la especulación pura y menos vibrante que Heine en el fervor lírico y menos morboso y volcánico que Beethoven, guarda sobre estos creadores aquella superioridad propia de la naturaleza: la plenitud en la serenidad.

Hay en Schopenhauer la materia de un asceta ateo y de un metafísico místico. El soplo religioso que fatalmente emana de su filosofía se ha traducido después en la obra de tres grandes artistas: Wagner, Leconte de Lisle, Puvis de Chavanne.

El arte es como el alma luminosa de la historia, y a veces una piedra enseña más sobre una raza evanecida que un tratado de historia.

En el estudio paralelo del arte y de la historia aquél os dará el elemento intuitivo, ingenuo y genial para interpretar ésta, mientras la historia os dará los materiales orgánicos para reconstituir la historia natural —la botánica— de la divina floración.

Lo mismo que el esqueleto de la frase platónica o del período tucidideo corresponde al ritmo y forma de la vida helénica coetánea, así la arquitectura de la música moderna es como un trasunto esquemático de nuestra vida múltiple, intensa, excesiva, toda de industria gigantesca, de política hipertrófica, de razón forzada, de superproducción sabia en todo sentido y en fin de lucha máxima. La música es ante todas el arte de hoy y no de tiempo alguno pasado, y de tal manera su razón y porqué son universales, que algunos de sus caracteres propios se han como impuesto a artes del todo heterogéneas. Es así como el impresionismo y el simbolismo franceses fueron dos tentativas subconscientes de musicalizar la pintura y la poesía. Impresionar el sentido y ahondar la sensación fue la labor excesiva de ambas escuelas, y esto contrariando la naturaleza de ambas artes; y tales son justamente los dos caracteres propios de la grande música moderna.

Toda la sabiduría antigua consiste en un necesario mandato negativo de la vida: ten tu lengua, ten tu brazo, ten tu deseo (Sócrates, Epicteto, Séneca).

El ideal sería el estoico *anekhou*. Es una sabiduría de ahorro, de inacción y de astucia, y corresponde a un período histórico en que las facultades adquisitivas y organizadoras del hombre no habían llegado al mismo grado de las intelectivas. Solo el noble Epicuro y el humanísimo Lucrecio entreveían una nueva sabiduría reactiva y juvenil y se volvían para fundarla del lado de la ciencia.

No se posee uno mientras no sabe que se posee.

Una elevada y extraña sabiduría se desprende de la obra puramente artística, y hay una como moralidad de belleza que trasciende sobre las costumbres y la conducta.

El solo querer es riesgoso, el solo saber insuficiente. La sola voluntad no entiende, la sola inteligencia no consuma cosa; y son dos deficiencias que deben aliarse para hacer posible la vida.

¿Ganas un mundo? Ni rías ni llores,
nada es.
¿Pierdes un mundo? Ni rías ni llores,
nada es.
¿Qué son goce y dolor? Cosas del mundo,
nada es.
(Poema persa)

No el *pictorismo* ni el dramatismo wagnerianos hacen de Wagner el gran maestro que es, pero la propia musicalidad que antes que armonía sabia es *melos* inenarrable.

Puede haber una fisiología de la historia, estudio médico y retrospectivo que iluminaría más de un problema histórico.

Unos viven más en el espacio, y son los sensitivos, intuitivos, experimentales, de entendimiento ejercitado y de razón limitada. La acción les es más pronta, la comprensión superficial del hecho más clara y se entregan mejor y confiados a la corriente externa de la vida. Otros viven más en el tiempo y son los reflexivos, ponderados y de vida más bien interior. Se conocen mejor, son más desconocidos, ocupan poco campo pero lo profundizan más. Son los intensivos, generalmente dueños del porvenir, jamás del presente, con mayor tendencia a dominarse que a dominar.

A veces hay que hacerse inexpresivo por la misma razón porque uno se hace ahorrador.

Hombres hay que solos valen por diez y que en medio de otros apenas se valoran.

La razón aconseja que pongamos alguna vez una gota de locura en el vino trivial de nuestra vida.

Dad siempre: es la forma más elevada de la acción; no os deis jamás: es la forma más peligrosa de la pasión.

El fuego del corazón da en unos llama, en otros luz. El arte en sí mismo es todavía inferior.

Los hombres de mayor acierto son los que más errores conocen, tal vez por haberlos cometido.

Nada somete más al destino como aceptarlo incondicionalmente.

La sensación de la fuerza serena es el signo de la grande salud en el cuerpo como en el espíritu.

La base de toda ciencia es un eterno provisorio.

Cuando ya no se puede confiar en la propia sabiduría hay que entregarse a la sabiduría anónima de las cosas.

El hombre es una brújula cuyo polo está dentro de sí mismo.

Algunas verdades parecen absurdas porque se las oye por vez primera, y muchos errores perduran como verdades porque se repiten siempre.

El tiempo es un vaso fatal y móvil: unos lo llenan de oro, otros de escoria, otros de nada.

El hombre es una organización y una subordinación de fuerzas; y él mismo no está aún cierto de cuál es la mayor o la más alta.

Por alto que florezca el árbol en el cielo dorado y azul, arraiga siempre en la tierra humilde y negra.

Aún nada conoce el hombre más alto que el conocimiento.

A veces en un mismo hombre el hombre de los afectos es inferior al de las ideas, o viceversa. Y otro tercer hombre, el de la acción, difiere de ambos dos. *Polyanthropos.*

Un espíritu inquieto, un alma rebelde son, para sí como para los demás, un peligro y una esperanza.

La imperfección de nuestras vidas no es simple: siempre tienen algo de más que hacemos y algo de menos que omitimos.

La versatilidad es típica en los estados transitorios de la cultura.

Un rumor infinito se escapa de todo cuanto vive; pero el hombre es más curioso de las cosas más silenciosas.

La ciencia es un lujo de día en día más necesario que el pan.

La música es la menos intelectual de las artes, sí por intelectualidad se entiende la máxima plenitud de conciencia concreta. De aquí la universalidad de la música.

Hay un peligro en que la ciencia del bien y del mal no progrese paralelamente con el resto de la ciencia.

Para los Icaros: mientras el hombre viva en la tierra debe contentarse con ser terrestre y mientras nazca de mujer con ser humano.

No toda sabiduría es buena para todos ni todos capaces de toda sabiduría. La ciencia se multiplica y enriquece tanto que se hace día a día mayor carga para la inteligencia. Precisa buscar nuevas maneras de conocimiento más intensas o más rápidas, ya que parece imposible la invención de nuevas facultades humanas.

El hombre que sueña con agotar el conocimiento es como un prisionero que intentase aprisionar su propia cárcel: la naturaleza.

Unos ponen una ciencia o una técnica al servicio de sus pasiones, son los artistas; otros ponen una voluntad al servicio de una idea, son los sabios y los héroes.

La religión como las grandes cosas huye del justo medio y va a los extremos. Miope de razón es clarividente de intuición. Su freno y su regulador pueden ser la ciencia y la experiencia.

Con solo la filosofía del justo medio no habría progreso; pero sin ella la vida tampoco sería estable.

Todo progreso es esfuerzo y todo nacimiento desgarradura. Me place hablar de mí mismo como de un otro.

La palabra más profunda de todas las lenguas, yo.

Hay en la civilización occidental un predominio de intelectualidad lo cual no quiere decir un predominio de razón. Hay que decir que la inteligencia es la más femínea de las facultades del hombre.

Ni el lloro, ni el cálculo, ni la plegaria pueden contra el dolor. Lo solo eficaz es la voluntad de no sufrir.

Mejor se vive de sí mismo que de los demás, pues así se acaba viviendo para sí mismo y para los demás. Y este es el más alto fin.

Hay una escala de intensidad y variedad en el dolor que el sabio convierte en escalera.

Dicen que lo más indómito es el pensamiento. Precisa por ello mismo domarlo.

La bondad aun irrazonada constituye sola una sabiduría superior.

Los pares se buscan por afinidad electiva, y los dispares también para destruir sus desafinidades.

Cada hora tiene su tarea: distinguirla.

El mayor esfuerzo del estilo, desnudarse de todo simbolismo y retorismo. Pero la virtud está siempre al medio, lejos de la frase obesa o del período esquelético.

Despilfarro de esfuerzos, dispersión de ideas, volubilidad de deseos, disipación de costumbres: todo ello viene a lo mismo: deperdición de la fuerza de vivir.

Como un alambique dinámico, la naturaleza transmuta una fuerza en otra, indefinidamente; y así nunca se sabe cuándo un pensamiento dejó de ser pasión, ni cuándo un afecto dejó de ser contracción miótica o vibración neurónica.

Todo ideal es una fatalidad.

En la vida interior, cuando por fin se ha alcanzado una cumbre, siempre aparece otra mayor.

Toda metáfora se funda en el presentimiento de la identidad de toda materia y de toda mentalidad. La metáfora no pide una concesión, sino el reconocimiento de una ley.

Toda experiencia interior es una aventura; toda aventura es una experiencia. Las hay que cuestan la vida, y otras peores que dejan la vida, y cuestan el alma.

Como hay una declinación de estados materiales, hay una escala de leyes. Habla Berkeley: el mundo es un juego de espejos.

Todo hecho se convierte en causa, y su verdadero nombre es semilla.

La obsesión ética es pragmática en Jesús, dialéctica en Sócrates y ataráxica en Buda.

Hasta Kant toda ciencia tiene un carácter arquitectónico: desde Kant la ciencia tiene un carácter critico.

Como ciertos principios de Euclides han esperado dos mil años para aplicarse y fructificar, así las anticipaciones de Platón sobre el método (Filebo, etc.) solo hoy han podido fecundar plenamente la inteligencia y desenvolver indefinidamente la ciencia.

Ignora el positivismo de laboratorio cuánto hay de ensueño creativo y puro en el origen de toda realidad científica. El fetiquismo de la experiencia proviene de la ignorancia de lo relativo universal y de la ilusión que presume lo absoluto de toda objetividad.

Hay algo automático en la Historia que aplicando una palabra de Kant sería el carácter inteligible de la especie.

Es una inclinación feliz de algunas inteligencias que busca en cada caso concreto la ley universal a que éste obedece, y gracias a ella hoy la ciencia es lo que es.

Una tristeza inenarrable se desprende del pensamiento puro como el frío de las altas cumbres.

Ciertos hombres profundos solo valoraron el fondo de las cosas y despreciaron toda apariencia, y al fin perdieron así la partida de la vida. El verdadero nombre del vicio es demasiado, y ni la sinceridad es buena sobrada.

Primero son los dioses criaturas de los hombres, y al fin éstos acaban siendo hechuras de los dioses.

Ve el hombre las cosas en sí mismo, y se ve a sí mismo en las cosas, a punto que todo conocimiento que alcanza es solo un reflejo de las cosas en su espíritu o del espíritu sobre las cosas.

No hay que hacer del arte el tirano sino el servidor de la vida.

Todas las fuerzas son invisibles; pero hay unas más recónditas que otras. Igual necesidad e igual dificultad hay para verificar la unidad de la materia que la unidad de la fuerza.

A pesar de su vedantismo ético Schopenhauer es más grecolatino que Hegel, que es más indio.

Los que hablan de latinismo en América creen que su hispanofilia tiene mucho que ver con el verdadero latinismo que floreció en el mediterráneo y ascendió hacia el norte.

Toda la existencia es un acto de crédito trascendental. Nos viene de España una tendencia purista que pretende inmovilizar la lengua y petrificarla, y de la que hay que guardarse; y hay otra en América que procura desorganizada al contacto francés u otro, y de que hay que guardarse más.

En la vida pública tienen los honores la apariencia del poder, y éste cuanto más aparente es menos poder.

Maduran con la edad unas facultades y otras se pasan. Como para el caudal, la edad es para unos enriquecimiento, para los más lenta consunción, y para ciertas vidas hasta la muerte es aumento y coronación.

Los ricos de alma tienen una para cada día; pero a veces no vale ni alternar. Unos perecieron por no saber mudar; otros por mudar demasiado No ama la suerte a los apurados, y es ancilar toda premura, y señoril el reposo.

Está aun por tentarse la aplicación de la ley de Mendeleiev al carácter individual y a la acción colectiva, de suerte que un día el médico se convierta en arúspice y el historiador en profeta.

Todo fruto es semilla desenvuelta, toda semilla fruto envuelto; y son los dos polos de toda historia natural o humana.

Hay una ortodoxia que es preciso decretar y otra contra la que no hay decreto que valga.

Lo que da a la verdad platónica una pátina poética es un estado vibratorio del alma, sentimental y mítico; y que no puede sentir la ciencia corriente.

El geometrismo filosófico de Spinoza está en el método; el de Platón y Pitágoras en la materia misma. La ineficacia actual de ambos viene de que uno parece infantil por ingenuo y el otro ininteligible por esotérico.

Con los siglos el destino de la música se ha empequeñecido y magnificado a un tiempo. Para los antiguos, más sabios que los modernos, fue la música una *máthesis* superior, ciencia vinculada con toda cosmología, instrumento de conocimiento puro como la geometría y la dialéctica. Para los modernos, más fuertes que los antiguos, la música se ha hecho un arte emotivo y potente, constante de elementos técnicos magros y limitados, intrascendente en la grande especulación y cuyo objeto parece contrapuesto al antiguo suyo. La música no hace parte ya de las máximas humanidades, pero se ha convertido en el más poderoso estímulo del hombre. Su acción colectiva es nula; pero se ha infiltrado en la vida del individuo contemporáneo de manera casi tan discutible como el opio en oriente y el alcohol en occidente. Al desintelectualizarse se ha pasionalizado, y de una ciencia que fue en manos de Pitágoras se ha convertido en una fuerza en manos de Wagner. La antigüedad puso en su frente sello de máxima nobleza; hoy la música crece, y al difundirse como afecto, se encanalla. El tiempo colora todo igual: democracia, cristianismo, música, en todo está el signo plebeyo pero máximamente humano.

Se puede ser profundamente ignorante y poseer sin embargo las mayores facultades para la acción: tal Lloyd George. Se puede poseer la mayor ciencia y técnica humanas, y perder sin embargo la gran partida; tal es el imperio alemán.

En dos puntos revela Sócrates el origen ario de su pensamiento: la supremacía que atribuye al conocimiento y su invariable tendencia a desvalorizar toda apariencia fenomenal. Así nada hay más contrario al agnosticismo práctico de la ciencia moderna que el trascendentalismo metódico de Sócrates.

En toda historia del espíritu humano el instante más crítico y más grave es siempre aquel en que se propone la gran reforma moral por vez primera. La crisis amenaza de muerte o a la reforma misma, como en el caso del budismo expulsado para siempre de la India brahmánica, o al reformador como en el caso de Sócrates, o al reformador y a la nacionalidad misma, como en el caso de Jesús y el judaísmo.

La magia de la vida es tal que las más amargas horas contempladas a distancia ya se miran con dolorosa añoranza y con misteriosa gratitud, probablemente porque en ellas se vivió más hondo que en otras.

El arte de los poemas homéricos es griego indudablemente; lo que tal vez no es griego es la materia de esa poesía.

En un punto vertical se unen y confunden la filosofía y la poesía. No hablo de la especulación romántica a la manera de Rousseau o de Chateaubriand, ni de la poesía tratadista al modo de Pope u Horacio; pero ello está en algunos fragmentos de Orfeo, tal vez en algunas notas de Lucrecio, en ciertos poemas milenarios como el egipcio de los muertos, en algunos atribuidos a Salomón y seguramente en los poemas védicos.

Con la poesía como con la música: las mayores obras son las menos entendidas, y el vulgo-legión solo admira de oídas.

La facultad creativa del hombre es siempre la misma, pero se transforma según el tiempo. Es fatal y satisfactoria, es necesidad y liberación. Su más alta manifestación en la antigüedad es la poesía que le es sinónima (en griego), y en nuestros días la ciencia aplicada y la industria utilitaria. Sus formas se valoran y desvaloran según el tiempo; y es natural que hoy se halle más interesante la invención del automóvil que la del carro de Faetón. Mas si se contempla *sub specie aeternitatis*, éste anticipa a aquél, y en el más íntimo sentido humano la misma alma vital anima al mito que a la realidad.

Si la religión perdiera su eficacia para emover las almas, la poesía la conservaría todavía. Hay más universalidad en ésta que en aquélla; pero puede menos porque es menos precisa y menos orgánica; y si su libertad es mayor se halla con que es ley de la vida que un exceso de libertad acabaría por destruirla. La ciencia, la filosofía, las religiones han pretendido siempre una catolicidad que solo posee la poesía.

La maravilla de la poesía consiste en esto: siendo una alta forma de acción humana, es toda interior, y debiendo ser como todo lo interior, invisible, es sin embargo la mayor epifanía. Alcanza la apariencia de los fenómenos materiales sin su caducidad, y el esplendor de los ensueños y de las ideas sin su evanescencia e inconsistencia. Es la mayor tentativa de inmortalidad, y marra menos que la ciencia en la tarea de divinizar al hombre. Las pocas e incompletas victorias de la vida sobre la muerte se alcanzaron por manos de la poesía.

Tiene la poesía un dominio oculto sobre el espíritu, ilimitado por impreciso e incoercible, como el del aire y la luz. Ni el Estado compulsar, ni la religión inquisitiva y ambiente, ni la ciencia convencedora y convicta pueden sobre las almas lo que en silencio y en libertad la poesía. Comprendiólo Platón legislador; y con ser el mayor poeta del entendimiento humano, decretó el exilio de toda poesía como el de la mayor fuerza turbadora del buen gobierno, y ésta es una de las más grandes paradojas platónicas cuya clave es tal vez un misterio. Participa la poesía del carácter de ciertas fuerzas cósmicas como la gravedad o el amor; y si en apariencia nadie se cura de ella, desquítase probándose accesible y accesa a todos. Su mayor fuerza es que nadie la teme, y su mayor probanza que sobrevive hasta a la ciencia y más allá de los imperios caducos.

La teoría anamnésica de Platón si no es la transparencia de una ciencia oculta, poco probable para muchos, revela una única facultad para la observación psicológica y el análisis interior como no se ha visto después.

Tiene el espíritu humano sus fases como los astros, y como éstos sus épocas de Oscuración y épocas de epifanía cuya periodicidad no está averiguada. Así no existe el sentido ético en el período védico, ni el vuelo metafísico en el ciclo hebreo de los profetas; y Roma imperial o republicana carece de todo proselitismo apostólico que florece en el Islam y tal vez en las Rusias eslavas.

Para la especie como para el individuo la hora típica de la moral parece sonar con la vejez y al instante de la fatiga. No hay adolescente moralista como hay adolescente poeta.

Toda agudeza de ingenio es solo una revelación de un punto desconocido de las cosas. Cuando acaba de conocerse se convierte en lugar común.

Toda juventud es ignorante y poderosa; y a la vejez más despreciable no le falta alguna sabiduría aun en el instante de acostarse en la tumba.

Hay en todo estilo un movimiento dramático que es la vida misma del pensamiento escrito, porque por bajo de toda forma que afecta es su propio ritmo e intensidad. Ese ritmo cuanto menos visible, más hondo, y cuanto más hondo, más vital y perdurable.

Un instinto sublime lleva a Pitágoras en su éxtasis contemplativo a reducir todo movimiento del alma a números. Tres mil años después el profesor Fechner tienta la misma aventura en su laboratorio para el pensamiento innumerable aún.

Tocante a prehistoria griega la sospecha de que los griegos han falsificado la tradición so pretexto de helenizarla y traducirla, queda más viva y en pie con las exhumaciones de Micenas y Creta. La confirmarían las alusiones de *Critias* y *Timeo*.

A los indios corresponde el concepto genial y blasfemo que en la imposibilidad de reducir el mundo a términos de razón y explicarle, lo denuncia como un juego divino, infinito y eterno. En sánscrito dicen *Lilá*.

El pensamiento cuanto más puro se hace más profundo; el sentimiento cuanto más profundo se hace tanto más puro.

Como en lo vegetal ciertas ideas son flores, otras frutos, y las menos como semillas. Las que menos alcanza el vulgo son las últimas.

De algunos próceres como Bías solo queda una frase y por ella reconstituimos su grandeza. Así *ex ungue leo*.

Como la historia de Garcilaso es la pintura española y falsa de un imperio indio, es posible que los poemas homéricos sean la pintura griega y travestida del mundo ya llamado egeo.

Toda inspiración es más bien expiración.

Toda excesiva aproximación a lo absoluto es una amenaza a la estabilidad pacífica de la vida. Así el principio hegeliano que identifica lo real con lo racional si establece una prodigiosa armonía ideal puede conducir a los hombres a la insania práctica y al mayor desorden. El porqué está en que el mayor hombre de acción al aprehender la realidad jamás la aprehende plena e integral, y en que el hombre de pensamiento al razonar lo razonable jamás alcanza a agotar la razón implícita de las cosas. Lo infinitesimal incalculable está en toda razón cósmica y en el declive de toda acción.

El conocimiento del valor del tiempo no solo consiste en saber aprovecharlo obrando, sino en saber aprovecharlo dejando de obrar.

La ciencia alcanza cada vez más a especificar la materia; no alcanza lo mismo a especificar la fuerza, y más bien tendería a homogeneizarla.

Unos estudios son más didácticos, otros más disciplinarios; aquéllos edifican la ciencia en el entendimiento, éstos modelan el carácter en la conciencia. Lo objetivo y utilitario de unos se contrapone a lo subjetivo y hegemónico de los otros; y una relación de polaridad se establece entre la didascalía pragmática y la educación trascendental.

En la continua vida religiosa de los hombres, el verdadero típico fenómeno religioso tiene lugar muy rara vez. Casi todos creen de oídas, de tradición y con alma de pereza e inacción. Desde el nacimiento se acepta sin repulsa el culto de Agni o el de Cristo; pero eso que es formalidad y unanimidad religiosa, no es el verdadero fenómeno religioso. Este consiste en un hecho interior, necesariamente individual cuyos rasgos inapreciados e inapreciables se encuentran en algunas biografías místicas de todo tiempo. Ese hecho consiste en la realización del Dios en la conciencia del creyente. Es como una prueba; es una epifanía. Es una verificación; y solo entonces puede el creyente decir «cónstame de Dios». Mientras tanto solo se cree de noticias, de complacencia o de costumbre. Casi todos los hombres están en este caso.

En el examen psicológico solo vale y es útil el propio, y ese es el más difícil. El mayor velo que nos oculta a nosotros propios somos nosotros mismos; y al pretender rasgarlo se arriesga a romper la materia misma de la encuesta.

En todo propio examen la conciencia es bífida y el hombre se plantea doble. El fenómeno interior es de los primeros y de los más extraños de toda psicología. En ese instante parece querer realizarse aquel imposible de toda filosofía, la identidad de sujeto y objeto.

Cuando del propio examen nacen ciertas filosofías doloridas es que en el investigador el hombre de las pasiones vivía más que el del pensamiento puro. Al fondo de todo pesimismo o de todo optimismo metódicos está el mero deseo predominante y no el juicio.

Toda llamada novela psicológica es mero ensayo de propio examen, aun cuando menos lo parece. Aun *Ricardo III* y *Lady Macbeth* están como hechos de fragmentos de alma del mismo Shakespeare. En estas creaciones el conjunto ficticio es lo irreal y artístico; lo fragmentario elemental es lo cierto y lo vivo.

La reforma metódica de Bacon no ha tocado la psicología; y para ésta la inducción experimental está aún por fundamentarse lejos de todo mero fisiologismo limitado y lejos también de todo mero conceptualismo gratuito.

Falla más el método inductivo a medida en que toda ciencia, todo arte investigan o labran en campo o materia en que prevalece lo subjetivo. Ningún creador a la manera de Cervantes o Goethe, ningún refector de almas como Molinos o Eckhardt, ningún reforjador de la Historia como Jesús o Mahoma deben algo al método experimental un objetivo. Justamente, es la ignorancia de este método o la aplicación del contrario que hace posibles a estos héroes y sus obras.

La nueva hispanofilia de América y el moderno americanismo de España son estériles y no obran cosa por una fundamental desinteligencia de sangres mal grado las mezclas coloniales. El genio de las tierras sigue opuesto o contrapuesto, y ese genio modela nuestras humanidades.

El castellano bárbaro de nuestra América, a fuerza de afirmarse, acabará por crear una grande lengua propia, en su esencia ininteligible para España. Hoy mismo ya ni nos entienden ni les entendemos.

Si la imprenta hubiese recogido el pensamiento de las Francias y las Britanias primitivas, tendríamos probablemente la literatura amorfa y pueril de nuestra América.

Trescientos años de colonia se esforzaron por hacer nuevas Españas doquiera, y en cierta medida lo lograron. Hoy nuestra tarea es inversa: hacer América de América. Para ello hay dos labores, una constructiva y otra destructiva, o inversamente, si se quiere.

Muchas ideas infantiles o mitológicas de los griegos se iluminan acercándolas a las fuentes asiáticas, como muchas formas gratuitas de su lengua se explican acercándolas a las formas védicas.

En el concepto de deseo hay la intención de lo concreto que no existe en el concepto de voluntad. El que posee la voluntad posee algo más universal que el que posee el deseo.

Una extraordinaria alquimia transforma en lo más recóndito del hombre la conciencia en voluntad y la voluntad en conciencia.

Siempre hay un hombre interior y jamás un hombre íntimo, pues cuando se siente lo de dentro enseguida se presiente lo de más adentro. El superlativo es mera forma gramatical y conceptual que no reconoce la realidad. Todo *superum* llega siempre a superior y no a *supremum*; todo *inferum* a inferior y no a *imum*.

Tiene el deseo más de realidad, la voluntad más de idealidad. Aquél mueve las cosas, ésta las causas. Cuando en el hombre avanza el deseo, retrocede la voluntad, y como si se escondiera. A veces invade el deseo la superficie consciencial, como un alga maléfica, y no aparece más la voluntad.

Hay un impulso aclarativo en toda juventud que en su desinterés y en su intensidad es signo de nobleza y medida de riqueza interior.

Económicamente es provechosa para América la inmigración europea. No está igualmente averiguado el provecho que saca la raza. No está averiguado si la formación de una raza superior sufre la invasión de sangres anónimas, indistintas y múltiples. Lo que de Europa emigra no son arias de selección sino sedimentos de toda inferioridad. Así el oro tinto de las sangres americanas se diluye gota a gota en un légamo *chandálko* y servil.

Experimenta la ciencia que hay más realidad en los sueños antiguos, de lo que se cree, y más sueños en las doctrinas de hoy, de lo que se piensa. Así Demócrito refuta a Lavoisier y *Timeo* de Locros hace señales a Einstein.

El signo más agudo de la vida es la pasión.

La poesía bárbara corresponde a la lengua primitiva, menos en el sánscrito, el griego y el castellano en los que lo primitivo perfecto son Vedas, Ilíadas y Romanceros.

La raza es como un árbol en el tiempo; el árbol como un linaje en el espacio. Así la misma ley de vida se transverbera plano a plano.

La facultad admirativa es una de las medidas de la inteligencia.

Para ciertos espíritus olímpicos un solo pensamiento de nobleza o verdad que inspira la miseria de los hombres es suficiente paga y consolación.

El heroísmo es la embriaguez de sí mismo; la caridad la embriaguez de los demás.

La caridad búdico-cristiana es la mayor tentativa de universalizar al hombre. Para todo poeta existe este problema; acordar con cierta precisión matemática el vértigo sibilino.

La ciencia va [a] veces tan hondo que encuentra a la religión; la religión sube a veces tan alto que alcanza a la ciencia. Ese punto vertical del espíritu no tiene nombre moderno; pero en griego de Pitágoras se llama *mathesis*.

La fecundidad del arte está en la facultad admirativa, la de la ciencia en la inquisitiva. Para ésta lo activo, para aquél lo patético; y lo que una pide de disciplina y sumisión lo quiere aquél de libertad vital.

La verdad es cosa tan fuerte que sus mismos enemigos no tienen para combatirla más arma que invocarla.

Hay un estilo cuya fuerza no viene ya de la perfección de su forma, pero de la profundidad de su sentimiento. Cuando se siente mucho, por mal que se escriba se escribe siempre bien.

El sentimiento, a falta de otro, abre las fuentes del pensamiento, y no al revés. La ley de todo estilo: vivir.

La fuerza de todo estilo fluye del dolor de vivir; su belleza, de la paz de contemplar.

Si hay dicha en la tierra está hecha de obediencia al destino. Por eso ningún creador se resigna a ella.

La vida solo perdura porque lo eterno de esperar se contrapone a lo infinito de sufrir.

Como todo se puede transmutar en fuerza, para vivir unos la sacan del pasado, la vida *defuncta*, otros del porvenir, la nonata, y los pocos sabios de la presente que por fugaz y breve es menos que otras, y así y todo tiene menos irrealidad.

No es el mayor asombro la posibilidad de toda cosa, sino la de justificarse. Todo razonamiento es una justificación, toda justificación un razonamiento.

Ciertas vidas tienen la primavera feliz, y no más; otras el otoño fecundo y fructuoso, y las menos alcanzan un invierno incomparable de sabiduría que valió por toda flor de gloria y todo fruto de provecho.

En toda realidad hay lo epifánico y lo críptico, lo aparente y lo latente. Nuestra vida depende del valor que damos a uno u otro.

Por fugitiva que sea el alma recóndita de las cosas jamás escapa del todo a la menor inteligencia. A veces el instinto la sorprende más y mejor que la razón.

Juega el destino con lo incalculable, defiéndese el hombre con la razón, y a veces obtiene estas apariencias de victoria que son realidades de aquel juego.

Unos piensan mucho y obran mal; otros no piensan y obran bien. Falta casi siempre la fuerza a aquéllos; falta casi siempre la conciencia a éstos.

La conciencia es algo más personal que la fuerza. Hay en ésta algo de universal y anónimo que no aparece en aquélla, y por esto comporta el miedo que le es propio.

El sentimiento y pensamiento meros no existen en la naturaleza. En ésta todo sentir o pensar luego se traduce en actos.

El pensamiento emocionado obra más y dura menos; el pensamiento sereno como la luz obra menos y dura más. Así ciertos actos pierden de presente lo que ganan de porvenir.

Ciertos pensadores y ciertos adoradores viven ya en vida la plena eternidad: tan muertos parecen a lo temporal.

Siempre se dialoga con alguien: los pensadores con los muertos, los hombres de acción con los vivos, y los creadores con los aún no nacidos.

Ciertos libros son como lámparas mágicas: solo alumbran para la posteridad. La ciencia aria primitiva es mística y religiosa; hoy la ciencia se cree positiva y libre, y solo se ha convertido en hipotética y desmentida de siglo en siglo.

Como entre los sabios de hoy casi nunca hay pensadores, casi siempre se toma por ciencia los juguetes que alcanzan la física o la mecánica; y así la ciencia aún esperada ha cambiado los gigantescos sueños de ayer por las juglerías útiles de hoy.

El problema del sufrimiento humano que debe ser una de las dos o tres grandes tareas de la ciencia, está hoy tan intacto como hace cinco mil años. Las otras igual.

Cuestión es si el arte significa ganancia o deperdición de fuerzas para la especie.

Sabido es quien estudia a los demás; sabio quien a sí mismo.

También hay grados de nobleza en las expresiones del arte; y lo plebeyo de las costumbres se traslada a las formas y los afectos. El *okhlos* griego y el *mob* inglés invaden hasta la poesía.

Miente el presente lo que la posteridad desmiente; y hoy es prohombre quien mañana rubor de la especie. Así el presente confunde las vejigas de viento con los orbes de luz.

Nuestro progreso significa un aumento de vida más en cantidad que en calidad. Su profeta es Bacon que escribió típicamente De *augmentis scientiarum*. Pero el sabio siempre cuenta el quid y descuenta el quántum.

Casi siempre la grande erudición significa una impedimenta para la inteligencia. Gran fuerza necesita ésta para seguir volando libre bajo el peso de ideas de tantos.

Cuando el genio trivializa su objeto se hace ingenio; cuando el ingenio alcanza lo universal alcanza al genio.

Todo genio es en el fondo ingenuidad.

Toda responsabilidad es cuestión de grado. A cierta altura funde lo personal en lo universal, y todo acto se convierte en actividad, como todo río en océano.

Toda moral vive del principio de individuación.

Se aprende de los demás, por no poder más, y es la juventud; se aprende de sí mismo para enseñarlo a los demás, y es la madurez.

Los más piensan para los demás; otros pensaron no se supo qué; y así unas almas fluyeron Guadianas invisibles, Alfeos misteriosos.

Profundísimo el concepto de «animalidad del aire» de Novalis. Aquí hasta la etimología acorre a la intuición.

Lo mítico (que no es lo mitológico) es cierto carácter que da al conocimiento no una ciencia o ignorancia primitiva, sino un método que quizá es una facultad desvanecida. En nuestros días es fácil forjar una obra mitológica, e imposible una mítica.

El Nuevo Testamento difiere de los evangelios budistas en el estilo, reflejo del alma. Une aquél a la barbarie de la expresión la concisión de Tácito y el vértigo de Ezequiel; dan éstos a la doctrina más radical y extrema cierto orden de poema, lógica casi aritmética, y la serenidad de los razonadores del Veda. El hebreo es más apodíctico, más consecuente el indio; y si el orden es la belleza, éste se aproxima más al griego, mientras vive el otro en un estuario de pasiones sublimes.

En todo reina una ley de polaridad no siempre aparente.

Hay una relación entre las cosas más distantes y dispares de cuyo continuo descubrimiento depende el progreso de las ciencias aplicadas.

No enseña menos el mal de la vida que el bien. Aprende el fuerte de aquél, de éste el generoso, de ambos el sabio.

El mayor índice del filisteo es la carencia o la simulación del estilo.

El mal de los mejores como Rodó viene del mero traslado de ideas y calco de estilos franceses. Se es nadie cuando no se es uno mismo.

Antes de la suprema indiferencia que se encuentra al fondo de la ciencia de la vida, afecta al espíritu cierta gravedad que es tristeza.

Se viene de la indiferencia y se vuelve a la misma. Antes de nacer todo es indiferente, después de morir también. Todo lo diferencial es pues lo menos o lo mínimo.

La conciencia de la muerte da al pensamiento un aire de inmortalidad que es tristeza y serenidad. Saber que hay que morir es poseer una verdad que trasciende más allá de la muerte. Todo conocimiento es una especie de posesión;

y conocer la certeza de la muerte es como poseerla y casi dominarla. Ese conocimiento que todos tienen no es igual en todos. Unos lo entrañan más, otros lo piensan menos; algunos lo transforman en sumidero de energías, otros en fuente de serenidad; y los más que lo saben, como si no lo supiesen.

Casi nunca el deseo de la muerte viene de despego de la vida sino de amarla demasiado.

Cuestión es si es útil hacer del pensamiento un campo a la muerte en nuestra vida. Los modernos dicen prácticamente que no, los antiguos teóricamente que sí. En verdad el pensamiento de la muerte es vino demasiado capitoso para beber siempre de él sin perder el propio dominio.

La poesía y la religión han entrado más que la ciencia en el dominio de la muerte. La ciencia está hecha para la vida; aquéllas para la vida y la muerte.

La fe que es la adhesión del intelecto a algo y la esperanza que es la adhesión del corazón a algo, al fin son formas de amor trascendental. Así tres virtudes que son la misma fuerza.

Los miserables poseen la esperanza, los fuertes la fe, los buenos la caridad. La más intelectual de las virtudes, la fe, la más sublime, la caridad, la más práctica, la esperanza.

La obsesión de la forma es tal en los griegos que su virtud más universal la afecta. Ellos inventaron la *kalokagathía* sin traducción posible.

Igual exceso hay en la religión que pretende hacer obra aun contra la razón, que en la ciencia que pretende despersonalizar todo conocimiento. No hay conocimiento transmisible sino en forma personalizada.

El método es una condición necesaria para la ciencia, negativa para la creación artística, y de valor acomodaticio para la filosofía. En el fondo es una cuestión de libertad graduada.

Los fanáticos de la ciencia no valoran la distancia entre la llamada ciencia aplicada y la ciencia pura. Las conquistas de la primera son tan grandes como insignificantes las de la segunda. Estas conocen los pocos, pero aquéllas los más.

En el fondo de las mayores disidencias científicas hay una cuestión de afecto más que de inteligencia. El hombre ignora menos los fondos de ésta que los del corazón.

Casi siempre la filosofía admira lo que no entiende mientras la ciencia niega lo que no explica.

Entre las cosas que vienen del hombre las más universales son el método y el temperamento.

El solo ingenio más daña que aprovecha a la verdad pura; la sola verdad más dalla que aprovecha a nuestra felicidad sublunar.

Quiere Platón que el médico sea levemente enfermizo, y Aristóteles condiciona la alta inteligencia de melancolía. Aquél anticipa la más sutil psicología, éste establece el hecho más universal.

Hay en la lengua de los himnos llamados órficos un trasunto de sánscrito védico que no existe en Homero. El adjetivo exclusivo, múltiple y compuesto es más indio que griego.

La decadencia prematura de la América española viene de indisciplina. La América indígena no la afectaba, ya que pudo edificar los imperios más regulares. La indisciplina es pues de origen español.

La masa de los hombres se guía más por la sabiduría imprecisa acumulada por la especie que por la ciencia concreta últimamente adquirida. Resulta que en lo práctico ésta es más fluctuante que aquélla.

255

Los peores errores, los que se cometen a sabiendas.

Tal como está hecha la humanidad, el tono y manera de la ciencia jamás serán vernaculares ni endémicos. La ciencia indispensable ya entre los hombres, hará sus propias veces, escuela o taller, pero jamás hogar o templo.

Uno de los signos de alcanzarse la verdad es la inenarrable satisfacción que causa.

Más fácilmente se rinde la razón al sentimiento que el sentimiento a la razón. La razón del símbolo es igual a la del álgebra: traslación de valores y transmutación de planos. La última razón de ambos es igualmente desconocida.

El mayor milagro de la poesía griega es que el símbolo casi no existe en ella. Las cosas desnudas como doncellas o como estrellas.

El símbolo oportuno es un ala, inoportuno, una muleta.

Herrera y Reissig tiene ya la gloria de algunos grandes: primero desconocido y después robado.

La ciencia está aún esperando el *Novum Organon* del método deductivo. La imaginación poética sirve más a la ciencia que el método científico a la creación artística.

La teología de *Sankaracharya* se ilumina del deslumbramiento de Spinoza; la de Santo Tomás se oscurece de la estrechez metódica de Aristóteles.

Lo que da a la ciencia su carácter actual es la desentimentalización que comienza por ser metódica y acaba por ser substancial.

La marea milenaria señala a la ciencia de hoy un período de análisis y disidencia, y es lícito entrever otro período de síntesis y compleción. El primero es una prolongación del espíritu griego, el segundo sería una vuelta al espíritu indio.

El índice de toda filosofía es el método; y el quid de todo método es psicológico, casi lo fisiológico. Así lo universal de la inteligencia arraiga en lo individual del temperamento, No solo hay modas de ideas sino de sentimientos; y hay snobismos seculares que encaminan o desvían la historia de la especie.

Tiende la ciencia a convertir toda historia humana en mera historia natural; pero su ignorancia es aún muy grande para que tal se realice plenamente.

En todos los análisis que la ciencia tienta el menos cierto y el más necesario es el llamado psicoanálisis. Campo religioso o campo novelesco, aún le falta campo científico.

Ilusión científica o ilusión religiosa, asombra la capacidad humana para reconocerla, y asombra más su impotencia para salir de ella.

Hay algo más combustible en las obras del sentimiento que en las de la inteligencia. Por eso éstas duran más si conmueven menos.

En la obra de arte no basta que el sentimiento sea verdadero; precisa que la forma sea universal, esto es verdadera. Solo la verdad es católica.

Lo corriente es que la ciencia encuentre hechos mas no la ley que los justifique; pero aunque raro, sucede lo inverso, que encuentra leyes sin los hechos aplicados. Así Demócrito, o Nicetas u otros.

Frente al continuo morir universal lo que no muere es lo que se sabe. Dice el indio: jamás se ha comprobado la desaparición de la conciencia, pues el comprobarlo sería su mejor afirmación.

El innato horror a la muerte viene quizás de que ya se ha muerto otras veces. La más próxima objetivación que de lo infinito alcanza la inteligencia es la idea de espacio.

Se hace ciencia señalando y comprobando las cosas sabidas, y también las no sabidas. Señalar bien o exactamente lo que no se sabe es el primer paso para saberlo.

Sorprenderáse un día la religión cuando la ciencia le explique las cosas que gratuitamente afirma; y sorprenderáse aún más la ciencia cuando un día la religión le resulte más verdadera de lo que piensa.

Una de las mayores pesadillas de la vida es que la muerte sea engaño o desilusión.

Por misteriosos procesos que el hombre no domina, las pasiones se convierten en ideas y las ideas en pasiones. Tampoco se sabe lo que aquí significa *gressus vel regressus*.

Es posible suponer una conciencia tan alta que emplee en la práctica el odio sin odio, y el amor sin amor, como el químico manipula sus sales. Si la naturaleza es alguien, debe tener una conciencia así.

En general las cosas que viven mucho de presente no trascienden a la posteridad.

El mayor daño que pueden hacer las culturas extrañas es que no nos permiten ser nosotros mismos. A veces hay que tentar una extraña y sublime guerra de independencia para nuestro espíritu.

Entre el rigor metódico que es disciplina y sumisión y la libertad imaginativa, que es manumisión, ciertos pensadores extreman la última como más rica en posibilidades. Nada hay como el método si no es la libertad que es más.

Renovarse no solo significa adquirir lo nuevo sino despojarse de lo viejo. Lo que más estorba a la piel nueva de la serpiente es la vieja. Se renueva todo, las ideas, los sentimientos y hasta las costumbres. Lo que ante todo renueva el creador es la energía y el pensador el pensamiento. Los más no se renuevan cual si viviesen de relieves o de detritus, y aun en la riqueza son como mendigos. Pero la mayor renovación es la muerte.

No todo enseña igual. Ciertas tareas u oficios son más instructivos, otros más lucrativos, y los peores infecundos de bien y mal. Es de un buen hado reconocer a tiempo su propio campo. Algunos pasaron la vida solo buscándolo; otros aun viviendo breve lograron la mayor vida.

Dolor que no se convierte en fuente de energía es un mal dolor.

Llega un instante en que se ha leído ya todos los libros (Mallarmé) y aún no se leyó en sí mismo, el solo libro.

Más daño hacen al arte los aficionados que los verdaderos malos artistas, y la literatura es la plaga de las letras.

Como Platón y más grande quizás, el mismo *Sankaracharya* no está exento de sofistería.

Ya en el dialecto jónico se siente un dejo de sánscrito védico que el griego pierde a medida en que se occidentaliza.

Los animales solo conocen el presente; los hombres pasado y presente, y los dioses el futuro además.

Como la tierra en su seno, guardan las razas en sus profundos las mayores sorpresas de la historia.

Hay ciertas palingenesias si no de las personas, de ciertos espíritus. Así el de Séneca y Gracián. Es la misma agudeza conceptual en otro siglo y en otra dirección. Aquél es un Gracián pagano que presiente un cristianismo lejano al través de la Stoa; éste es un Séneca cristiano que se vuelve hacia la sabiduría pagana para fundir un pirronismo y un escepticismo imprecisos al fondo de una intelectualidad excesiva. En ambos el desengaño y la desconfianza de vivir; en ambos el empleo de una panacea: la inteligencia. En ambos el cálculo siempre, jamás la heroicidad. Ambos profundos, ninguno verdaderamente grande.

Hay un modo de la inteligencia en que lo que más fatiga es el ingenio. Coincide a veces con la más espantosa sed de verdad.

Ciertos espíritus caminan lento y llegan tarde, pero llegan.

La palabra fin no existe en la naturaleza. Cuando algo acaba es que algo a la vez comienza.

El arte menos sujeto a reglas fijas es el de vivir, pero al fin las tiene.

Hay razas másculas y razas femíneas; y en el carácter mismo de los individuos reina una diversa sexualidad. En general la inteligencia predominante es signo de feminidad.

Es una amenaza nueva para la Europa cristiana la conquista que el budismo puede hacer de las más altas inteligencias occidentales, y una esperanza remota la identificación de ambas religiones al fondo de la conciencia humana.

Tiende la mayor luz a borrar fronteras de creencias y enemistades de almas. Como está el budismo implícito en las doctrinas brahmánicas, lo está el cristianismo en el Viejo Testamento. La evolución de ambos pensamientos es muy semejante, por graves que sean las disidencias prácticas de las viejas y nuevas ideas.

Pobreza y riqueza extremas son igual amenaza para las buenas costumbres. Aquí también la virtud busca el medio.

Las más de las competiciones, por bajo y por encima de la objetividad de las cosas competidas, se reducen a contenciones de valencia o de potencia, de intensidad o de intención.

Es probable que Vigny sentía y Guyau pensaba como Nietzsche; pero aquéllos resultan más nobles y éste más eficaz.

Unos escriben para mostrar lo que saben, otros simplemente para enseñar. El pensador en América debe usar de dos lenguajes, uno infantil, casi pueril, para hablar a sus coterráneos, y otro viril y completo para hablar a sus demás coetáneos.

Cuando en la creación artística la necesidad no se deja sentir, el arte se queda inferior o nulo. Para la forma o para el fondo la necesidad es la sola justificación de todo arte. Esa necesidad que traduce el artista en su obra da a ésta aire de naturalidad y sabor de fatalidad (de real grandeza) que lo gratuito o artificial jamás alcanzan. Así la obra de arte obtiene las trazas de un objeto, de una entidad de la naturaleza y toma a ésta su existencia y permanencia, igual que a una montaña, una fiera o una estrella. En este sentido y no en otro hay que entender el consejo de imitar a la naturaleza.

En arte la necesidad vale más que la euritmia o la sola naturaleza.

Por el arte y por la ciencia intenta el hombre evadirse de esa cárcel de leyes que es la naturaleza.

Como la planta tiene el hombre una hora de germinar, otra de florecer, otra de frutecer. Llega una edad en que se debe aprender menos y enseñar más. Más tarde otra tarea está sobre las dos, sublime ya.

Arte que en su alma no es selectivo y aristogénico perecerá.

Todos los libros que hacen pensar son buenos; no todos los que hacen sentir son provechosos.

San Pablo por la doctrina de la fe y de las obras está más cerca de la Vedanta que del budismo. Inversamente Jesús.

Con la última conquista romana comienza la decadencia. Todo ideal alcanzado es un comienzo de muerte.

Lo que en la obra de arte trasciende a la posteridad es el sentimiento de infinitud. No solo *in specie, sed in sensatione aeternitatis* es como se vence al *tempus edax*. En rigor no hay especie de eternidad.

NOTAS SOBRE EL NUEVO ARTE FRANCÉS

La juventud francesa hoy se cree obligada a crear un arte y una poesía de posguerra. Error, porque no hay arte obligatorio. Lo *a posteriori* falla siempre en arte. Este tiene siempre más de espontáneo que de voluntario.

Ese esfuerzo literario demarca su acción bastante precisa. Padre putativo Rimbaud, padrino Nietzsche. Se querría adoptar a Mallarmé, quien se resiste desde ultratumba. Santo devoto Verlaine más que Baudelaire, y los simbolistas a quienes se desdeña en el fondo pero que sirven de proyectiles en el combate.

Primera inferioridad: imitar al Rimbaud de las *Iluminaciones*, no siquiera al del «Navío ebrio». No se imita lo inimitable y menos el genio. Imitando la *creatura* se cree imitar la creatividad.

Segundo desacierto que es bobería de psicólogo: desconocer el tiempo. Rimbaud nos resulta ya *faisandé* a la vez que fruto verde. Se desconoce que el célebre «Shakespeare niño» no era de la madera de los precursores ni de los mesías. Ni Bernardino de Saint-Pierre ni Chateaubriand. En este punto un poco como el gran Chenier: glorioso abolengo, pero sin padres conocidos y sin posteridad, salvo que se salte tres mil años atrás. En el *Atharva Veda* se puede hallar paralelos a la poesía de Rimbaud, y en Homero y Sófocles para Chenier.

Para un buen rimbaudiano habría que escribir en 1924 cosas que dejasen estupefacto al mismo Rimbaud; pero éste bosteza desde su tumba ante su prole adoptiva.

Tercer error. El patronato de Nietzsche que la juventud francesa siente más que comprende. No se sabe si es mejor o peor. Tal vez mejor; porque, real o no, se cree en posesión de una fuente de acción y de vida; peor, porque no conoce bien esa fuente. Las peores sorpresas vienen de no entender o desentender (*méconnaitre, misunderstand*).

En la filosofía y en el método, Nietzsche es un *nastika* indio, como los refuta *Sankaracharya*; y en arte es un stendhallano exasperado. Déraciné. Ni lo genuino de la poesía de Klopstock o Uhland, ni lo auténtico de la inteligencia de Hegel o Schopenhauer; en breve, nada germano. Renegado, como tantos que en Alemania forma la proximidad de Francia. El mismo Goethe lo fue, sin decirlo, para no hablar de Lessing, de Schopenhauer, de Heine.

Un error francés no infrecuente es de mendigar la riqueza ajena que es solo la suya propia travestida o falsificada. El admirable Beyle tenía la mesura y el orden que no existen en Nietzsche stendhaliano; y es brutalidad en éste la burla volteriana y la ironía renaniana. Lo que hay propio en Nietzsche es la fuerza para negar que no existió tan grande en Francia, tierra de afirmadores de la vida.

¿Abolir la gramática? ¿Demoler la lógica? Optzme. A condición de no aparecer reblandecidos (*ramollis*), y en arte la apariencia es todo, o casi todo.

La manía de sistema. Porque alguien rompe la regla y crea, se sistematiza aquella anomalía creyendo sistematizar la creación y la creatividad. Error de niños.

El señor Bergson está ayudando a muchos niños a hacer tonterías —es lo de menos—, y a perder su talento —es lo más grave.

Lo que hay que desenseñar a la juventud francesa de siempre: el espíritu corporativo que es gregario. Las capillas. País de *coteries*. Alrededor de un grande vivo como Hugo (1830) o de un original muerto como Gauguin se como juramentan muchachos de talento que acabarán por no tenerlo a fuerza de juramentados. Ese espíritu gregario que la ciencia aún no explica es un probable resabio de dos factores etnotelúricos; la pobreza del suelo de Europa boreal y el hambre milenaria de la raza. El hambre: maestra de obediencia y sumisión.

Los franceses: maestros de sociabilidad y civilidad; pero no saben vivir solos; y para crear, la soledad. De aquí que en Francia en dos mil años de grandeza humana no hay uno tan grande como Beethoven, Shakespeare o Leonardo.

Nietzsche necesariamente debería afirmar como cierto filósofo griego que el Sol no es en realidad más grande de lo que a simple vista aparece. Con tales ojos mira Nietzsche toda realidad material o inmaterial.

La tempestad de 1914 fecundará el alma francesa como la de 1789. Alma naturalmente eudemónica, se pudriría de inacción y de rutina si la historia no le deparase periódicas sacudidas como la revolución o la guerra. Así todo gran pueblo tiene su flagelo salvador: Italia y el Japón los terremotos; Inglaterra la eterna peripecia marítima.

En Alemania la derrota ha puesto a la moda la democracia, la generosidad, el pacifismo en que Francia no cree, y en la ciencia y el arte cierta tendencia individualista que significa mayor libertad y mejor posesión de sí mismo. La corriente es tan intensa que solo se modera al oriente por el terror rojo y hacia el occidente por el hambre de las reparaciones. Sin ese doble contrapeso Alemania llegaría a extremos desrazonados.

El desorden e indirección de la joven literatura francesa, viene hoy del shock traumático; pero tierra de orden por excelencia, Francia con solo reposar reparará los efectos de la hemorragia de la guerra.

Para la filosofía aristocrática de Nietzsche: no son nobles la cólera perpetua, las maneras bruscas, el burlarse de abuelos o vencidos, la irritación porque no sucede lo que se desea, la jactancia de nobleza, menos aún la de prepotente, el desconocimiento del tiempo que tiene su ritmo y del espacio que tiene su tiranía bajo de que se nace.

El anticristianismo yámbico de Nietzsche tiene dos pequeñas flaquezas: anticuado e inelegante. El pretexto psicológico es insuficiente. Interesa más el pseudocientificismo de Renan, el cual Renan se arranca a menudo. Con todo, de Renan quedará el gesto indudablemente sereno, y de Nietzsche el puño amenazador, dos lecciones que aprender.

Lo mejor del nuevo arte francés: la inquietud. Su solo espectáculo ayuda a vivir al mundo más y mejor que, por ejemplo, la lengua-momia que se procura en España y al fin se logra escribir en Colombia.

LIBROS A LA CARTA

A la carta es un servicio especializado para
empresas,
librerías,
bibliotecas,
editoriales
y centros de enseñanza;
y permite confeccionar libros que, por su formato y concepción, sirven a los propósitos más específicos de estas instituciones.
Las empresas nos encargan ediciones personalizadas para marketing editorial o para regalos institucionales. Y los interesados solicitan, a título personal, ediciones antiguas, o no disponibles en el mercado; y las acompañan con notas y comentarios críticos.
Las ediciones tienen como apoyo un libro de estilo con todo tipo de referencias sobre los criterios de tratamiento tipográfico aplicados a nuestros libros que puede ser consultado en www.linkgua-digital.com.
Linkgua edita por encargo diferentes versiones de una misma obra con distintos tratamientos ortotipográficos (actualizaciones de carácter divulgativo de un clásico, o versiones estrictamente fieles a la edición original de referencia).
Este servicio de ediciones a la carta le permitirá, si usted se dedica a la enseñanza, tener una forma de hacer pública su interpretación de un texto y, sobre una versión digitalizada «base», usted podrá introducir interpretaciones del texto fuente. Es un tópico que los profesores denuncien en clase los desmanes de una edición, o vayan comentando errores de interpretación de un texto y esta es una solución útil a esa necesidad del mundo académico.
Asimismo publicamos de manera sistemática, en un mismo catálogo, tesis doctorales y actas de congresos académicos, que son distribuidas a través de nuestra Web.
El servicio de «libros a la carta» funciona de dos formas.
1. Tenemos un fondo de libros digitalizados que usted puede personalizar en tiradas de al menos cinco ejemplares. Estas personalizaciones pueden ser de todo tipo: añadir notas de clase para uso de un grupo de estudiantes, introducir logos corporativos para uso con fines de marketing empresarial, etc. etc.

2. Buscamos libros descatalogados de otras editoriales y los reeditamos en tiradas cortas a petición de un cliente.

WITHDRAWN

18.14

LONGWOOD PUBLIC LIBRARY
800 Middle Country Road
Middle Island, NY 11953
(631) 924-6400
longwoodlibrary.org

LIBRARY HOURS

Monday-Friday	9:30 a.m. - 9:00 p.m.
Saturday	9:30 a.m. - 5:00 p.m.
Sunday (Sept-June)	1:00 p.m. - 5:00 p.m.